TEMBETA

DANIEL MUNDURUKU

azougue

Organização da coleção Tembetá
Kaká Werá, Idjahure Kadiwel e Sergio Cohn

Projeto gráfico e foto
Sergio Cohn

ISBN 9786586962314

Azougue Press
Coordenação geral Sergio Cohn
Brasil | CNPJ 12.272.339/0001-26
Portugal | NF 515805394
USA | E. Id. 803650511
Coordenação editorial Sergio Cohn | Darien Lamen
Chile | Tucán Ediciones RUT 77.369.106-1
Coordenação editorial Sergio Cohn | Cristián Jiménez Plaza

Azougue Press: mais que uma editora, uma ponte entre culturas

TEMBETA

A coleção Tembetá traz a trajetória de pensadores indígenas no Brasil que têm contribuído para a cultura, a educação, os direitos humanos e a ecologia nos últimos quarenta anos. São personalidades que têm dedicado suas vidas a causas que vão além das suas respectivas culturas e que têm sensibilizado a sociedade humana como um todo.

A palavra tembetá é de origem tupy. Trata-se de um adorno usado no lábio inferior no rito de passagem que indica maturidade e capacidade de pensar e falar pelo seu povo. Por isso foi escolhido como símbolo desta coleção. Quando observamos a história oficial do Brasil até o início da década de 1990, praticamente toda a literatura e os documentos sobre os povos originários foi produzida pelos ditos "conquistadores" e seus descendentes. Foram raríssimas as vezes em que os próprios nativos falaram representando suas raízes, valores e visão de mundo.

A ideia central do projeto é dar voz narrativa àqueles que trazem a marca da ancestralidade em sua jornada de vida neste país. Para isso, cada edição reunirá intervenções escritas e orais (entrevistas, palestras e depoimentos) de grandes pensadores e pensadoras indígenas surgidos no Brasil desde a década de 1970.

A trajetória dos líderes, pensadores, ativistas e artistas escolhidos para compor a coleção serão disponibilizadas com o intuito de promover reconhecimento, reflexões, inspirações, e sobretudo apontar as contribuições de culturas milenares do Brasil representadas por alguns de seus expoentes.

É preciso dizer que hoje no Brasil são cerca de 380 povos chamados indígenas, cujas origens remontam de 5 mil a 12 mil anos. Quase um milhão de remanescentes, dos quais algo em torno de 450 mil pessoas habitam as florestas e os demais habitam centros urbanos em praticamente todos os estados brasileiros. Além disso, pesquisas da UFMG (Universidade Federal de Minas Gerais) de 2005 na área da genética apontam que 63% do povo brasileiro considerado "branco" tem origem tupy. Ou seja, no país temos presentes raízes de culturas ancestrais nas mais diversas matizes de mestiçagem e ao mesmo tempo não damos voz histórica aos remanescentes destas origens. Isso causa uma sensação de negação de um si mesmo coletivo que reflete também na negação dos direitos humanos das gerações atuais que insistem em viver de acordo com seus valores e visões de mundo. Talvez o Brasil seja o único país do mundo que considera "estrangeiro" o nativo, e nativo o estrangeiro.

O desconhecimento das "vozes ancestrais" é oportunizado negativamente por uma parcela da sociedade com o preenchimento de um imaginário de destituição de dignidade dos descendentes das culturas milenares desta nação plural e diversa hoje chamada Brasil. Constantemente exploradores de minérios, senhores dos agrotóxicos (envenenadores da terra), cultivadores de experiências transgênicas, desmatadores da vida, difundem uma ideia pejorativa, folclórica e negligente de toda uma riqueza imaterial presente no modo de ser e de pensar destes inúmeros povos. Por isso esta coleção é mais de que uma publicação de uma série de livros. É dar voz a um Brasil que também somos.

Kaká Werá, organizador da coleção

ENTRE-VISÕES

Julie Dorrico

A literatura indígena brasileira tem no seu cerne a autoria como mola propulsora de um movimento político-literário que agrega, de modo plural, diversas pertenças étnicas. Significa dizer que os sujeitos indígenas, de diferentes humanidades – munduruku, potiguara, guarani, sateré-mawé, kambeba, wapichana etc. – empunham a escrita alfabética para registrar de modo criativo suas narrativas e denunciar a violência histórica perpetrada contra eles. Esta postura autoral, realizada a partir da década de 1990, permite ao sujeito indígena uma enunciação a partir de sua própria alteridade, e por isso mesmo, protagonista, enfim, de sua própria história.

Daniel Munduruku, que carrega sua pertença étnica assinada no próprio nome, é escritor, teórico, ensaísta, *youtuber*, professor e educador. Sua vinculação, sua ancestralidade, suas experiências de vida e de luta, seu ativismo como escritor indígena são o núcleo desse livro. Pioneiro do movimento literário indígena brasileiro que valoriza as vozes e as escritas indígenas no país reitera, no compósito de entrevistas aqui reunidas, que a oralidade, base das tradições dos povos ancestrais, e a escrita alfabética, técnica de expressão moderna, podem ser utilizadas pelos escritores indígenas como linhas tênues, porém contínuas, e não necessariamente polarizadas e estritamente dicotômicas. A título de exemplo, podemos citar sua obra *Vozes Ancestrais: dez contos indígenas*, vencedora do prêmio Jabuti na categoria Livro Juvenil no ano de 2017, que narra, de modo criativo, contos tradicionais de diferentes etnias indígenas em uma linguagem que enfatiza a oralidade no registro escrito.

Assim, a palavra, da oralidade à escrita, na autoria de Daniel Munduruku, tem seu sentido no contar histórias criativamente. Pela contação de histórias, assumindo um papel de narrador, Daniel informa à sociedade brasileira que "índio" é um apelido redutor, atribuído indistintamente às 305 nações no Brasil. Se faz necessário conhecer os brasis, portanto. Junto à compreensão absurda que o apelido "índio" apresenta, Daniel questiona outros dois pré-conceitos atribuídos aos povos indígenas, quase sempre agenciados pelas escolas: em primeiro lugar, o da perspectiva romântica que vê o sujeito indígena como figura literária do romance *O guarani* de José de Alencar, cujo conceito central é o do bom selvagem, marcado pela assujeitamento cultural do indígena em favor do paradigma judaico-cristão realizado pelos portugueses jesuítas. Esta perspectiva tem como consequência a exclusão dos povos indígenas no imaginário da sociedade brasileira, marginalizando-os para o espaço da floresta e o tempo do século XVI; em segundo lugar, o da perspectiva ideológica, que condena os povos originários como atrasados e preguiçosos, estigmatizando-os como os empecilhos ao "progresso". Este viés tem como modelo de civilização a vida urbana e o projeto econômico de modernização capitalista.

No primeiro caso, o genocídio e o etnocídio não foram – e não são – capazes de anular a ancestralidade dos povos que sobreviveram – e sobrevivem – sob o arauto do chumbo e da fé cristã. No segundo caso, apesar das sucessivas narrativas construídas pelo Estado para o sujeito indígena ser destituído de seu território sagrado, desde a assimilação até os projetos de integração, chegando hoje nas controversas demoras em reconhecer legalmente o direito dos povos às suas terras, admite-se cada vez mais que a sabedoria tradicional, a que cuida da terra, a que a percebe também enquanto sujeito, é a que salvaguarda a possibilidade de descendência, indígena e não indígena, no mundo. Em sua crítica, Daniel Munduruku reconhece que ambas as posturas adotadas pela sociedade brasileira, romântica e ideológica, negam humanidade, subjetividade, contemporaneidade e espaço aos sujeitos históricos indígenas.

A literatura indígena, há muito silenciada, surge, nesse sentido, para expressar sua potência estética radicada na ancestralidade em correlação com a matriz ocidental. Isto é, as narrativas sagradas passam a ser contadas nos livros que, publicados como estratégia consciente de autoafirmação e resistência, têm por objetivo o dar-se a conhecer ao público-leitor não indígena. Por isso, seja em sua fala, em seu canal homônimo no *youtube*, seja nos livros publicados, encontramos formas e conteúdos bastante diversos.

Se em um primeiro momento a forma parece restringir-se ao signo dos gêneros literários canônicos, como o conto, a memória, a autobiografia, logo ela desvencilha-se desse juízo, posto que a ficcionalização das matérias utilizadas para a composição das narrativas estão no interstício da matriz ocidental e extraocidental. Esse embaralhamento de raízes, indígena-ocidental, nos leva a um outro tempo da crítica literária brasileira: ao da recepção dessas poéticas compostas por matérias de histórias da humanidade, tempos cíclicos, ritos, cantos e danças dialogando com o papel, com a escrita alfabética e o impresso.

E se, em um segundo momento, o conteúdo de suas narrativas parece endereçar-se de modo exclusivo ao leitor infantil e juvenil, logo também se faz perceber que pode ser acessada pelo público adulto, posto que, como enfatiza Daniel Munduruku, sua mensagem destina-se a todos aqueles que têm infância, com um objetivo claro e determinado, o de educar a sociedade brasileira sobre as culturas indígenas do Brasil.

Para Daniel Munduruku, "o papel da literatura indígena é, portanto, ser portadora da boa notícia do (re)encontro. Ela não destrói a memória na medida em que a reforça e acrescenta ao repertório tradicional outros acontecimentos e fatos que atualizam o pensar ancestral". Estas palavras revelam que de um lado a literatura indígena brasileira atualiza a memória ancestral, atuando na afirmação da oralidade; por outro, ela se abre para um diálogo com a sociedade não indígena, na esperança de que haja, dessa vez, um bom encontro.

ENTRE-VISÕES

LITERATURA, EDUCAÇÃO, ANCESTRALIDADE

Entrevista por Kaká Werá e Sergio Cohn, em julho de 2017

Daniel, o que você gostaria de nos contar sobre sua história?

Eu posso falar da minha formação inicial, do meu caminho, da minha trajetória. Bom, eu sou nascido Munduruku, no estado do Pará. Costumo dizer que é uma alegria para mim ser um brasileiro nascido Munduruku. As pessoas quando pensam no indígena pensam em alguém diferente do brasileiro, porque elas se acostumaram a fazer essa separação. E não percebem que ser indígena, pertencer a um povo tradicional, é pertencer à história inicial do Brasil. A impressão que os brasileiros em geral têm é que se você nasceu indígena, você não é brasileiro. Ou, se você é brasileiro, não pode ser indígena. Eu costumo lembrar as pessoas que o Brasil é composto de uma grande diversidade de Brasis. O Brasil não é um país único, é um país múltiplo. E essa multiplicidade se revela justamente nessa diversidade de povos que habitam essa terra que chamamos de Brasil. E eu tenho o orgulho, a alegria de ser um brasileiro nascido Munduruku.

Eu nasci no ano de 1964, na cidade de Belém. Nasci na cidade por uma determinação do destino, porque a minha mãe grávida estava de passagem pela cidade e sentiu as dores do parto, e por ali eu acabei nascendo. Eu sou o primeiro filho, de nove irmãos, que nasceu na cidade, por conta dessa particularidade. Cresci numa pequena aldeia, numa pequena comunidade no município de Maracanã, a 200 quilômetros de Belém. Uma aldeia familiar, construída pelo meu bisavô e depois mantida pelo meu avô. E nessa comunidade eu cresci, recebi os primeiros ensinamentos, aprendi as primeiras palavras. A minha família, por conta de um processo de vida sobretudo do meu bisavô, tinha mudado para essa região vinda justamente da região de Jacarecanga, no sul do Pará, onde habita a maior parte do povo Munduruku.

O povo Munduruku também está presente no Amazonas, é bom que se diga, e nos últimos 30 anos um bom grupo também migrou para o Mato Grosso. A população está em torno de 15 mil pessoas, o que faz ser um povo grande e representativo. Meu bisavô nasceu nessa região de Jacarecanga e por conta de questões internas saiu de lá. O povo Munduruku tem umas questões de controle social muito rígidas, entre elas essa coisa de acusar de pajelança, de feitiçaria, e uma das coisas que acontece quando alguém é acusado de ser feiticeiro é ser assassinado. Faz parte da tradição Munduruku, óbvio que não dá para explicar por que isso tudo acontece e qual o sentido disso tudo, mas por conta disso o meu bisavô teve que sair dessa região e pegou a sua família mais próxima e migrou para perto de Belém. E nessa aldeia, que se chamava Terra Alta, foi onde nasceu essa parte de nossa família, que depois acabou migrando também para Belém, por outras questões. Questões econômicas, de sustentação da família, de trabalho.

Foi entre essa aldeia e a cidade de Belém que eu cresci e tive a minha primeira infância. E depois, já vivendo em Belém, fui educado neste contexto urbano. Coisas que eu procuro sempre relembrar para as pessoas nos meus livros, na minha escrita, para mostrar como a gente foi construindo esse caminho, esse pertencimento. Eu tenho orgulho de ser Munduruku, mas obviamente que eu não tenho toda a experiência de ser Munduruku lá no meio da floresta, no município de Jacarecanga, onde o grosso dessa população vive. E obviamente que a partir disso surge toda uma questão familiar que faz com que meu bisavô, e depois meu avô, principalmente, negasse e escondesse um pouco todo esse lado da nossa história, que ele acabou não passando muito para a frente. Mas foi uma avô muito presente, que ensinou muita coisa para a minha vida.

Você viu muitos conflitos em torno dos Munduruku na sua infância?

A área Munduruku sempre foi muito conflituosa. Existiam os conflitos internos, que são da própria cultura Munduruku, e os conflitos que foram trazidos por elementos externos. A questão da terra, do garimpo, que sempre foi muito forte na região, e da presença missionária, da igreja católica e depois dos evangélicos que chegaram ali. Os evangélicos que foram lá, aprenderam a língua e depois traduziram a Bíblia em Munduruku, criando uma série de dificuldades de manutenção da própria cultura.

Sobre os missionários, você estudou numa escola salesiana. Como foi isso?

Eu comecei a estudar na escola pública e depois entrei na escola religiosa, que era dos missionários salesianos, que nem atuavam diretamente na área Munduruku. Mas era uma escola que estava muito próxima da minha família, porque meu pai trabalhava para os salesianos, tinha toda uma relação profissional com eles. E era uma escola muito bem vista. Estamos falando da década de 1970. Eu fiquei com eles até 1980, fiz toda a minha formação com os salesianos. Eu tinha uma preocupação em aprender direito, queria honrar aquilo que meu avô tinha passado para mim. E o meu pai, como funcionário da escola, estava sempre atento a tudo o que estava acontecendo. Eu procurei fazer a melhor formação possível, embora fosse criança, fosse um menino e menino gosta de fazer bagunça. Era uma escola salesiana com formação para trabalho e eu me tornei técnico em gráfica Off-Set. Era o que eu tinha como profissão.

Isso até o meu ensino fundamental. Foi quando eu saí da escola salesiana. E aí nasceu em mim um grande desejo de continuar meus estudos. Eu desejava muito ser padre. Mas quando eu me apresentei como candidato para a vida religiosa, os salesianos não me aceitaram. Na época eu fiquei muito chateado. Mas como eu queria muito isso, eu aceitei passar um ano dentro do seminário arquidiocesano de Belém. Eu acabei ficando dois anos dentro do seminário e depois disso eu consegui convencer os salesianos a deixar eu ingressar na ordem e fui fazer o último ano do ensino médio com eles, na cidade de Manaus. Foi quando eu saí de Belém. E depois eu decidi que queria continuar a ser salesiano, e foi quando eu passei um ano da minha vida na cidade de São Carlos, no estado de São Paulo, fazendo o que eles chamam de noviciado, que é uma espécie de estágio que se faz antes de processar os votos.

E eu processei os votos. Voto de pobreza, castidade e obediência. Me tornei um religioso de fato. E, por felicidade ou por infelicidade, não sei bem avaliar isso, mas aquele ano, depois de terminar o noviciado, foi a primeira vez que a turma teve que voltar para Manaus, para começar o que eles chamavam de curso superior de Filosofia. Antes disso, quem se noviciava ficava em São Paulo mesmo, fazia o curso de filosofia aqui, para só depois voltar para a Amazônia. E aos pouquinhos fui ingressando cada vez mais na vida religiosa, fui tentando ser o mais fiel possível àquilo que tinha me proposto. Mas chegou um momento no terceiro, quase quarto ano de vida acadêmica, que eu decidi que esse não era exatamente o meu caminho. Eu tinha feito meus votos por três anos, cumpri dois. Aí no terceiro ano eu pedi para sair. Foi por isso também que eu fui mandado para viver seis meses em Porto Velho, ainda como religioso, mas um religioso em crise, porque eu decidi que não era isso que eu queria.

Você tinha qual idade nessa época?

Eu tinha 22 anos. Era menino ainda. E acabei largando a vida religiosa e passei mais um ano em Manaus, concluí meu curso de Filosofia, já como leigo, e fui trabalhar. Fui para uma escola agrícola nos arredores de Manaus e fiquei lá por um ano, lecionando, dando aula de História. E essa escola agrícola, aí estava a particularidade, acolhia jovens indígenas vindos de vários lugares. E foi ali que conheci alguns Mundurukus que estavam estudando, fazendo curso agrícola. Eram Mundurukus de Manaus, do Amazonas. Eu reencontrei esses meus parentes ali e começamos uma amizade muito bacana, revivendo coisas, relembrando da nossa cultura. E isso despertou em mim uma vontade muito grande de retomar essa vida. Me reencontrar, talvez. Fazer um reencontro comigo mesmo, com a minha ancestralidade. E eu fiquei um ano nessa escola, nesse encontro legal e tudo mais.

Só que no ano seguinte, quando eu voltei para lecionar na escola, eu tive que apresentar meu diploma. E aí descobri que o diploma em Filosofia que eu tinha em mãos não era reconhecido pelo Ministério da Educação, exatamente por ser um curso se-minarístico. Ele não era para formar profissionais, era um curso para formar padres. Eu não pude ficar na escola e se eu quisesse continuar, eu teria que fazer o reconhecimento do diploma. Foi por isso que eu dei um salto e fui parar em São Paulo, na cidade de Lorena, que é onde eu moro até hoje. Isso já faz 30 anos. Foi em 1987, quando eu vim fazer o reconhecimento do diploma, e fui ficando. Fiz outros cursos, uma graduação em psicologia, outra em história, e depois mudei para a capital, para a cidade de São Paulo, porque precisava buscar a minha sobrevivência. Comecei a dar aula em escolas públicas, estaduais. E depois consegui uma escola particular, na Zona Sul da cidade, que me abriu um horizonte novo. E ao mesmo tempo comecei a frequentar a USP, e foi na universidade que eu comecei a ter os primeiros contatos com as discussões em torno da questão indígena.

Antes disso, Daniel, como começou o seu gosto pela leitura?

Vou dizer uma coisa muito espantosa para as pessoas que não me conhecem pessoalmente. Mas eu nunca gostei de ler.

Eu nunca tive introjetado esse gosto pela leitura. Tem um caso que eu conto, e juro de pé junto que é verdade, de que quem me ensinou a ler, desenvolveu em mim o gosto pela leitura, foi uma aranha. Uma aranha mesmo, não o Homem-Aranha. Porque na época do seminário era regime de internato e a gente tinha que fazer os trabalhos da instituição, manter as coisas limpas. E a gente fazia um rodízio de lugares, cada um limpava um tempo a cozinha, outro a sala, outro a biblioteca. E uma vez eu fui limpar a biblioteca e me deparei com uma teia de aranha numa estante. Fui lá e limpei a teia de aranha. No dia seguinte, quando eu voltei para fazer o mesmo serviço, a teia de aranha estava lá de novo. No mesmo lugar. E no terceiro dia, a mesma coisa. E daí eu fiquei curioso em saber o que a aranha estava lendo. O porquê dela estar fazendo a teia exatamente ali. E eu fui lá, peguei o livro em que estava armada a teia, com cuidado, porque eu já tinha começado a gostar da aranha, ela já era minha amiga, e juro de pé junto, pode acreditar, o livro que ela estava lendo era "O pequeno príncipe". E eu fiquei curioso para saber por que a aranha gostava tanto daquele livro. E comecei a ler ele. A folhear primeiramente. Eu não tinha realmente o gosto de ler. Eu era um menino da floresta. E a leitura da floresta não é exatamente a dos livros. A gente lê a natureza. E eu não tinha acesso a livros. Só tive acesso a livro no seminário. Mas mesmo lá o livro para mim era só um objeto, que não fazia sentido nenhum. Mas eu tinha que ler, porque tinha a escola, tinha as leituras obrigató-rias. Coisas que muitas vezes ao invés de incentivar esse gosto pela leitura afasta a gente. Então eu jovem, com 16, 17 anos, fui influenciado por uma aranha. E a partir disso, eu quis entender o que o livro tem de tão interessante que nos ajuda a conhecer melhor o mundo. E fui atrás de outros livros, "Fernão Capelo Gaivota", "Longe é um lugar que não existe", "Ilusões", que é um livro que gosto muito até hoje. Naquela ocasião, eu participava de movimento de juventude, participava de paróquia, de tudo o mais, e gostava desse tipo de leitura, que eram as leituras que ajudavam inclusive a se relacionar com os jovens. Assim, eu passei a ler mais. Mas eram essas leituras. Quase não li o acervo da literatura brasileira na época. Lia as coisas obrigatórias, gostava às vezes, às vezes não gostava. Como ainda hoje faço. Eu sou um leitor compulsivo hoje. Leio bastante coisa, o tempo inteiro, mas se tem coisas que eu gosto, eu leio. Se tem coisa que eu começo a ler e não gosto, eu paro. Não tenho nenhum problema de deixar um livro no meio. Largar ele e depois de seis meses retomar ou não. Eu sou muito de escolher as minhas leituras a partir daquilo que eu quero, daquilo que estou precisando ler.

Então vamos voltar para a sua chegada em São Paulo. Foi quando você começou a se envolver com as questões indígenas e a frequentar a aldeia Guarani em Parelheiros, não é? Era um período difícil, onde os noticiários diziam que os povos indígenas estavam sendo extintos, davam o número de 120 mil pessoas como a população indígena restante. O que levou você a partilhar a sua experiência com os outros indígenas que se reuniam em torno da aldeia Guarani?

Eu tinha muita saudade de casa. Eu cheguei na cidade de São Paulo totalmente sozinho. Não tinha nenhuma experiência num grande centro. Quando eu cheguei no estado de São Paulo, fui morar em Lorena, que era uma cidade pequena. Mas quando eu percebi que precisava dar um salto de qualidade de vida, eu mudei para a capital. E para uma pessoa que chega vinda de uma outra realidade cultural, de uma outra realidade social, a cidade grande assusta muito. Ela amedronta. Eu sempre procurei em São Paulo os lugares que me permitissem encontrar minha própria ancestralidade. Mesmo vivendo longe, na cidade. Nunca quis nunca abandonar meu pertencimento a esse povo, ao povo Munduruku. E ao mesmo tempo não sabia como fazer isso. Então eu tive conhecimento das aldeias Guarani na cidade. Era 1988, bem o período da Constituição, das campanhas pró-índios, toda a mobilização da sociedade em torno de assinatura para conseguir aprovar na Constituição o artigo indígena. E eu me envolvi nisso e acabei conhecendo a aldeia Guarani e passei a frequentar. O Kaká morava lá. Passei a frequentar através de Karaí Mirim, que me apresentou aquele contexto da comunidade, em que a gente se sentia muito bem, passava dias e dias em conversas muito ricas. E aquilo lá virou para mim um lugar onde eu pude me reencontrar. Encontrar comigo mesmo e com a minha ancestra-lidade. Eu sempre soube que não era Guarani, mas encontrava nos Guarani uma forma de não deixar a minha descendência, a minha ancestralidade se apagar. Então comecei a frequentar a aldeia e começamos a militar no movimento pró-indígena, pró-constituinte. Com o tempo, começamos a frequentar a

Embaixada dos Povos da Floresta, a Comissão Pró-Índio, o ISA, toda essa turma que fazia parte da nossa luta.

Ali nasceu a sua inspiração para vir a escrever "Histórias de Índios"?

Eu diria que sim. Mas na verdade eu escrevi o livro depois. Meu primeiro livro foi lançado só em 1996. Mas eu já estava escrevendo. Eu estava dando aula numa escola particular, fiquei lá entre 1990 e 1994, e nesse período eu dava aula de filosofia para o ensino médio. E frequentava a USP. E foi isso que me levou a prestar o mestrado, o que permitiu voltar um pouco para minhas origens. Através da professora Aracy Lopes da Silva, de saudosa memória, eu acabei fazendo mestrado na USP. Naquele mesmo período, o Ailton Krenak lutava para divulgar o pensamento indígena, junto com outras lideranças, e eu como educador comecei a querer contar para as pessoas quem eu era, e quem eram também os povos indígenas. E foi justamente para fazer isso que eu me tornei um contador de histórias, primeiro oralmente. E depois eu percebi que eu podia usar a escrita como um instrumento importante de divulgação dessas culturas. E daí eu passei a querer educar, digamos assim, o pensamento da sociedade brasileira para essa nova realidade que a Constituição de 1988 tinha oferecido. Porque não bastava ter uma lei, era preciso ajudar a sociedade brasileira a pensar a nossa diversidade. Eu passei a contar histórias para crianças. As crianças sempre são muito curiosas em saber milhões de coisas sobre a cultura indígena, e eu fui juntando essas perguntas, essas questões, e acabei criando uma história que respondesse um pouco das questões que as crianças traziam. Quem são os indígenas? Como vivem? Do que vivem? Criei toda uma história, e disso nasceu meu primeiro livro, onde eu podia explicar para elas como era nossa vida na prática.

E foi daí que nasceu o escritor. Eu não sabia que sabia escrever. Eu sempre gostei muito de escrever, sempre tive uma escrita fácil. E eu apresentei os textos para várias editoras, umas cinco diferentes. Naquela época sem Internet a gente não tinha um retorno tão rápido. Era tudo pelo correio, envia, espera. Demorava meses e meses para ter uma resposta. E até que uma hora eu recebi um retorno de uma editora, a Companhia das Letras, que na época estava lançando o selo Companhia das Letrinhas, de livros infantis. Era um convite para ir lá conversar sobre o texto que eu tinha escrito. A editora gostou muito do livro mas disse que o texto precisava ser burilado. E colocou ao meu lado uma pessoa mais experiente, a Heloísa Prieto, que era uma escritora com renome. Ela foi me ensinando um pouco a manipular as palavras de uma maneira que eu desse meu recado para as pessoas e que não fosse só uma história indígena, mas que pudesse também prender o leitor, que tivesse o que contar, o que dizer. E assim nasceu o escritor. Confesso que na verdade eu só me aceitei escritor muito tempo depois. Eu nunca achei que ia escrever mais de um ou dois livros. De repente eu me peguei escrevendo muitos livros ao longo do tempo. E acabei pegando gosto pela coisa, criando histórias, recontando contos tradicionais, inventando, ficcionando as coisas. E tudo isso com um sentido muito claro para mim: educar. Eu sempre pensei, e ainda penso hoje, como educador. E quando eu escrevo meus livros, eu escrevo com essa pegada: que as crianças e os jovens, quando lerem os textos, aprendam algo sobre a cultura tradicional.

E você sempre trabalha com a temática indígena?

Não. Depois eu comecei a escrever livros cuja temática não é apenas indígena, porque fui descobrindo que ser indígena não nos prende a nada. Não me prende a uma cultura ou a uma tradição. Ser indígena como cidadão é ter acesso a todos os saberes, a todos os conhecimentos. Quando eu fui para a universidade, eu não fui para aprender a ser Munduruku. Eu fui para a universidade para aprender o universo, para aprender como ler o universo. E sabendo ler o universo eu posso falar desse universo do meu jeito. Com meu jeito de escrever, com meu jeito de contar as coisas. Quando as pessoas acham que um indígena deve escrever só sobre cultura indígena, eu digo que isso é um equívoco. Porque não é possível que uma pessoa que gosta de escrever se prenda a um tipo de escrita, a uma temática. Pode escrever milhões de coisas. Infelizmente, as pessoas me convidam muitas vezes não como o intelectual que eu sei que sou, mas como índio. Elas querem ouvir o índio. E é claro que eu me sirvo disso para poder falar para as pessoas aquilo que eu penso. Aquilo que eu penso inclusive sobre a cultura indígena. Coisas boas e coisas ruins. Tentando desmistificar o que as pessoas acham que sabem a respeito das populações indígenas. Como intelectual, como escritor, como militante que sou, eu tenho que fazer isso.

A gente sabe que toda essa diversidade cultural dos nossos parentes é desconhecida de uma boa parte da população do Brasil. E sua literatura nasce exatamente da necessidade de informar o que esses povos têm como experiência cultural, social, civilizatória. Dentro desses temas, quais as principais questões que a sociedade não-indígena deveria conhecer e que desconhece?

Essa é uma pergunta que remete a muitas coisas. A pensar em dezenas de outros temas. Eu acho que grosso modo a sociedade brasileira é totalmente equivocada em relação às sociedades indígenas, que também são brasileiras, mas vivem em outro contexto de visão de mundo. Outro contexto de humanidade. O Brasil ainda não entendeu que quando a gente chama alguém de índio, a gente não está valorizando, a gente está desprezando. A palavra "índio", eu sempre digo isso, sempre reafirmo isso, com toda a dificuldade que as pessoas tem para compreender, mas eu vivo repetindo em dizer que a palavra índio é um apelido que nos impuseram. E não existe apelido positivo. Apelido é sempre uma negação. Não se põe apelido numa pessoa para elogiar os lindos olhos azuis dela. Eu ponho apelido de "quatro-olhos" em alguém porque tem uma deficiência e eu acho que aquela deficiência o torna inferior a mim. Quando uma pessoa me apelida de "índio", ela está dizendo o que ela acha que eu sou. E naquela palavrinha está escondida uma incompreensão absurda. Porque existem dois tipos de postura. Uma postura romântica: "ah, o índio vive na floresta, ele vive na natureza, vive em harmonia, não destrói, não desmata, é o nosso grande protetor da floresta"... Essa é uma visão romântica. Não está dando humanidade para aquelas pessoas. Está colocando a pessoa como uma coisa meio etérea, mágica. Essa é a visão que a escola prega, inclusive. É a visão que a sociedade valoriza. Mas junto com essa visão tem a visão que eu considero mais ideológica, que também está presente no olhar das pessoas. Que é por exemplo quando dizem que somos preguiçosos. "Índio é preguiçoso, índio é atrasado, atrapalha o progresso, índio é selvagem, índio bom é índio morto". Que é hoje em dia o que os meios de comunicação trazem. Todas as vezes que eles dão uma notícia dizendo que um povo indígena prendeu os funcionários da Funai, qual é a visão subliminar que está presente aí senão que os índios são selvagens mesmo e que é preciso fazer alguma coisa em relação a isso? "Ah, o índio sequestrou um trator do pobre coitado do latifundiário, está atrapalhando o progresso, o desenvolvimento, não tem nada pra fazer". Esta visão, por mais que as pessoas não percebam, está muito presente dentro delas. Se elas ouvem, por exemplo, que o índio é preguiçoso, elas acreditam, porque elas se remetem à visão romântica do índio deitado na rede, balançando, coçando o pé, sem nada para fazer. E ao mesmo tempo, se dá o direito de julgar o outro. Então quando ele vê uma pessoa como nós, como eu ou o Kaká Werá, por exemplo, que temos passagem pela universidade, temos livros publicados, temos prêmios, elas logo dizem: "mas esse cara aí não é mais índio de verdade". Porque índio de verdade vem junto com todo um imaginário. "Ah, mas ele usa celular, ele usa relógio, e índio de verdade olha o céu para saber a hora". A pessoa se dá o direito de julgar a gente. E isso acontece por causa dessa imagem pré-concebida, que foi sendo jogada na nossa sociedade. E que não permite a sociedade interagir com os índios como iguais. Porque a palavra "índio" nos rebaixa, nos desqualifica. É muito comum a pessoa dizer "ele não é mais índio, ele é um de nós". E muitas vezes quando diz que é "um de nós", está dizendo que é corrupto, que é falso. E aí coloca a humanidade. Para essas pessoas, aquele índio verdadeiro, da floresta, é incorruptível. O que está aqui na cidade não.

Aproveitando essa questão, Daniel, o que é correto: índio, etnia, tribo ou povo? E por quê?

Só para concluir meu pensamento sobre ser índio e não ser índio, que é uma questão que as pessoas sempre colocam, eu gostaria de lembrar que eu não sou um índio de fato, eu pertenço a um povo. Porque o índio não é absolutamente nada. Ele é o que as pessoas acham que ele é, seja a visão romântica ou ideológica. Mas o grande problema da sociedade brasileira é que ela não nos olha como gente, como pessoa, ela nos olha como um apelido. E é claro que esse apelido nos rejeita, nos diminui, nos desqualifica. Então é fácil a pessoa dizer que eu tenho cara de índio, tenho cabelo de índio, então eu sou um índio. Mas calma lá, eu sou um Munduruku. Eu pertenço a um povo. E ser Munduruku é diferente de ser índio. Porque ser índio é não ser nada, ser Munduruku é pertencer a um povo, e esse povo tem história, tem tradição, tem ritual, tem crença, tem uma relação com a natureza toda própria, tem uma educação, tem uma economia. Que o difere inclusive dos outros "índios".

Um Munduruku é diferente de um Guarani, de um Kaigang, de um Wapichana. Essa palavra "índio" limita a nossa humanidade. O ser Munduruku é ser humano. Plenamente. É ter um espírito humano. E aí surge outra coisa que sempre é preciso dizer para as pessoas, que quebra um pouco aquela ideia contida na palavra "índio": se é ser humano, está cheio de problemas. Está cheio de dificuldades. Tem ciúme, tem briga interna, tem problemas com a família, tem filhos que nem sempre o respeitam. Todas essas coisas que são próprias da humanidade. Só que, por ser um povo menor, ele acaba resolvendo internamente. Ele acaba criando mecanismos de solução para os problemas que aparecem. Que são do cotidiano, do dia a dia. Da mesma forma que a gente resolve isso no seio da nossa família, se dá a solução para esses conflitos internos dentro dessas comunidades. Fora os conflitos externos, a relação com a cidade, com os povos vizinhos. São povos que se resolvem.

E você já deve ter reparado que eu não uso a palavra "tribo" para se referir aos Munduruku, eu uso a palavra "povo". E por que a gente usa a palavra "povo" ao invés de "tribo"? Porque a palavra "tribo" é outra palavra que não diz, é mais uma palavra que nega. Ela não afirma, ela não dá identidade. Ela nega a identidade. Ela nos coloca num gueto. Porque a tribo é exatamente um pedaço de um povo, é um nicho de um povo, é algumas vezes a marginália de um povo. E um povo é outra coisa: é um povo inteiro. Dentro do povo Munduruku, tem as divisões internas, as famílias, os clãs, tem toda a organização social. Eventualmente até tem alguma tribo dentro do povo Munduruku, como tem aqui na cidade. Se a gente pegar os punks, é uma tribo urbana. E entre os Munduruku eventualmente também tem um grupo que seja uma tribo. Mas enquanto povo, enquanto organização social, enquanto ordem, enquanto crenças, enquanto economia, enquanto educação, nós somos um povo inteiro. E o que significa dizer isso? Significa que a gente se resolve. Significa que nós temos condições de dar soluções para nossos problemas. Não precisamos de supermercado, nós sabemos ir para a floresta. Não precisamos de energia elétrica para viver. Isso não funda a nossa cultura. O que funda a nossa cultura é o conhecimento que a gente tem do ambiente que a gente vive. É isso que nos torna Munduruku. E é um jeito muito particular do Munduruku. Que é não é o mesmo jeito Xavante. O Xavante vai ter o jeito dele, que é outro olhar sobre a natureza. Até por estar num ambiente de cerrado, o que cria uma relação diferente do ambiente de floresta amazônica, por exemplo. Temos muita coisa em comum, é óbvio. E é esse ser comum que nos torna tão essenciais a essa sociedade brasileira. E que a sociedade brasileira ainda não percebe.

Então, seria bom que as escolas não mais usassem a palavra "índio". Comemorar dia de índio é cair no mesmo erro que tem se repetindo nos últimos 500 anos. Porque esse índio que se comemora no dia 19 de abril não existe. Ele é pura ficção. É uma abstração. Ele não é uma afirmação, é uma negação. Não é positivo, é negativo.

Segundo a Fundação Nacional do Livro Infanto-Juvenil, pelos dados de 2015, são cerca de 56 escritores indígenas, que pro-

duziram mais de 150 obras e venderam, juntos, mais de três milhões de livros. É uma literatura que não existia antes dos anos 1990. Você foi um dos precursores dessa literatura. Como começou essa história?

Pois é. A literatura escrita é uma coisa nova para esses povos. Eu particularmente concebo que toda manifestação cultural de um povo é literária. O grafismo é literatura, a dança é literatura. Porque não é parte da tradição indígena fazer essa separação toda que a sociedade ocidental faz. Dividir tudo em caixinha, definir o que é uma coisa e o que é outra coisa. Por isso que nós sempre chamamos os artistas indígenas para fazer parte desse movimento da literatura indígena. A gente tem procurado ser fiel ao nosso espírito comunitário, ao nosso espírito de comunidade. E àquilo que a gente aprende em nossa educação, de não separar nossos conhecimentos e saberes. Então o velho que a gente convida para o encontro dos escritores, que nunca escreveu uma linha, ele é tão escritor quanto eu que escrevo, e que não faço o que ele faz. É neste contexto que surge um pouco a minha compreensão de literatura.

Na prática mesmo, o encontro de escritores, esse movimento em torno da literatura indígena, começou mais ou menos em 2004, quando a gente resolveu provocar jovens indígenas que já escreviam, que já tinham a possibilidade de escrita, e reunir essa turma num primeiro encontro no Rio de Janeiro, no contexto do Salão do Livro da Fundação Nacional do Livro Infanto-Juvenil. A gente resolveu fazer isso, e na época conseguiu reunir 12 pessoas, entre elas algumas que ainda não tinham escrito um livro, como o Álvaro Tukano, mas era uma liderança da oralidade, como o próprio Ailton Krenak. E que eram pessoas que usavam a palavra como instrumento de comunicação, e para nós isso bastava. A gente convidou também o Olívio Jekupé e a Eliane Potiguara, que já escreviam. E resolveu chamar essa turma para um bate-papo, para uma prosa, e a partir disso desenvolvemos aquilo que ao meu ver é um movimento literário e que está dentro do contexto do movimento indígena brasileiro. O movimento indígena, a partir de 1988, tomou outras dimensões que não eram mais uma dimensão única, nacional. As comunidades, os grupos, as associações começaram a surgir, e isso dispersou muito o movimento indígena. Por outro lado, essa dispersão possibilitou a atuação de muito grupos diferentes. Grupos ligados à saúde, à educação, à arte. E inclusive, à literatura.

Na ocasião, em 2004, eu já tinha escrito em torno de 15 livros, e tinha um certo reconhecimento da sociedade brasileira em torno da minha literatura. Então eu convoquei essa turma para se juntar. Nessa conversa, a gente foi se fortalecendo, criando um elo bastante positivo. Criamos os dois concursos que até hoje mantemos, que são para os professores que trabalham a temática indígena a partir da leitura de obras de literatura indígena, o Concurso Curumim, e o Concurso Tamoios, que é para descobrir talentos indígenas na literatura. Os dois concursos continuam funcionando e a cada ano aparece um texto novo, um autor novo. E esse grupo foi crescendo, as pessoas se motivando a escrever mais, a criar mais. Então foram surgindo escritores novos. Sobretudo, e veja como isso é importante: antes, o que a gente tinha de literatura indígena eram textos voltados para as comunidades. Muitos deles usando a língua dos povos, muitos didáticos. Depois, com o trabalho que fizemos, nós escrevemos para a sociedade brasileira. E é esse movimento que teve uma repercussão bastante grande. Um grupo grande de jovens escritores está surgindo, querendo escrever para a sociedade. Então esse número que você apresentou de 56 escritores, tem nomes de todo tipo, de diferentes origens. E hoje temos uma grande produção literária.

Pelo menos nos últimos anos foram publicados muitos livros, porque o governo anterior incentivava esse tipo de literatura, criava editais de compra de livros escritos com a temática indígena e por autores indígenas. Então de alguma maneira as editoras passaram também a querer esses livros, querer esses autores. Daí muitos livros começaram a aparecer. E tem muitos autores que aparecem que são absolutamente independentes. Alguns nem se afiliam ao nosso tipo de trabalho, à nossa postura. Não vejo nenhum problema nisso, acho que esse é o caminho que tem que se seguir. De qualquer forma, hoje já foram 14 encontros de escritores indígenas. Por esses encontros já passaram cerca de 200 indígenas diferentes. No próximo encontro a gente quer dar um enfoque de não ser só uma reunião de escritores indígenas, mas também de pesquisadores de literatura indígena. A gente está pensando também em convidar pesquisadores na área da literatura para eles apresentarem os seus trabalhos, para ver qual tem sido o resultado dessa demanda da sociedade. Essa literatura passou a ser estudada pela academia. É quase uma escola literária. Embora a academia ainda esteja muito fechada para a literatura indígena. Existe uma resistência muito grande. Apesar do aumento de números de trabalhos acadêmicos em torno da literatura indígena, há um certo engessamento na própria academia em aceitar que os indígenas podem dominar uma técnica que não é própria deles, que é a técnica da escrita, sem abrir mão daquilo que são. A academia tem um pouco essa dificuldade. Tem muito exemplo de pesquisadores que querem fazer a pesquisa sobre literatura indígena, mas encontram a resistência dos seus orientadores. Muitos desses profissionais da área dizem que não existem escritores indígenas.

Existe um outro lado dessa valorização da literatura indígena que é o surgimento de traduções de cantos ameríndios de diferentes povos por estudiosos e pesquisadores.

Qualquer tipo de pesquisa nesse sentido é bem vinda. Eu não vejo nenhum problema em um autor não-indígena trabalhar com a temática indígena. Do ponto de vista da criatividade humana, assim como eu posso falar sobre qualquer um na sociedade brasileira, ou deveria poder falar, o escritor, o pesquisador, o literato também pode fazer. Evidentemente, é importante que ele seja bem-informado, para não repetir estereótipos. Mas eu não vejo nenhum problema nos camaradas aprenderem o que são os universos indígenas e transferir isso para uma obra. Tem um livro muito bonito do Alberto Mussa, "Meu destino é ser onça". É um livro maravilhoso. Mussa é um historiador muito bom. Tem o "Meu querido canibal", do Antonio Torres, que é uma brincadeira com os Tupinambás do século XVI, que também é muito bom. As traduções dos cantos também são muito importantes, mas do meu lado creio que é importante eles serem bem contextualizados, para que não virem apenas uma obra de referência para intelectuais. O que também é importante, mas que não seja só isso.

Daniel, hoje, quais são as leituras que você gosta de fazer?

Eu gosto de muita coisa. Não sou um leitor que escolhe um tema só e fica nele a vida inteira. Eu me debruço mais sobre a literatura brasileira, e gosto muito de perceber que as pessoas produzem uma literatura de tamanha qualidade. Ainda há pouco eu estava lembrando de um autor que eu gostei muito de conhecer, conheci pessoalmente, e depois me debrucei sobre a obra dele, que acho muito digna, que é o Cristovão Tezza. Gosto muito do trabalho dele. Eu quero ser um escritor assim. Além disso, tem as minhas leituras que são mais profissionais, textos que vou lendo e relendo, sobre os Mundurukus, sobre os povos indígenas. Eu sempre vou para as livrarias ver os livros que saem sobre temática indígena, as novidades, sejam livros científicos ou para crianças e jovens. Como é a minha praia de atuação, eu procuro acompanhar o mercado. E tem muita coisa legal. E tem coisa ruim também. Muita repetição maluca. Umas criações que não têm nada a ver. E eu me sinto qualificado para ser um crítico disso também. Tem livros que são bonitos, mas o conteúdo é muito ruim. E tem livros bons que são muito feios. E nesse universo infanto-juvenil que eu atuo, as coisas precisam ser bonitas. Essa sempre foi uma preocupação minha, quando falo com autores indígenas, porque muitos acham que basta publicar um livro para ser autor. Para ser autor, a primeira coisa é ter uma aceitação de si mesmo como escritor. E depois precisa ter livro bonito e com conteúdo, que possa fazer com que as pessoas entrem no nosso universo, de uma maneira doce, mais saudável. Desde que seja obviamente essa a proposta de quem escreve. Tem textos que são mais difíceis de ler, são mais violentos, mais sanguinários, e também são legais, precisam estar no mercado. Mas quando eu falo do universo infanto-juvenil, precisamos pensar também nessa necessidade de educar, através do pensamento lúdico, do pensamento mágico das crianças.

Você é doutor em educação. E também é um educador na prática, na sua história de vida. Qual é a sua principal preocupação e sua grande proposta enquanto educador?

Eu acho que a preocupação já nos leva para uma proposta. Eu lamento muito os rumos que o Brasil assume em relação à educação. Nós somos um país maravilhoso, um país único no mundo, na sua diversidade, na sua gente, na sua biodiversidade, mas nós não somos educados a gostar disso. Não somos educados a gostar de ser brasileiros e a gostar daquilo que isso implica, que é se comprometer com este país, com as nossas culturas, com a nossa gente, com os nossos jeitos de olhar no mundo. O Brasil, e eu acho que esse é o grande erro dele, não pode querer ser outro. Não pode querer imitar ou os Estados Unidos ou os países da Europa. O Brasil precisa encontrar o seu próprio caminho, a sua própria identidade. Enquanto a gente viver à sombra desses outros países, vamos continuar alimentando esse complexo de vira-latas, de ser um país que não dá certo, um país sem futuro, que não vai pra frente. E ao mesmo tempo tem gente que diz que esses problemas são consequência das nossas origens. Da história de indígenas e africanos. Dizem que o atraso do Brasil é por causa disso. Isso é a maior enganação que estão impingindo às crianças brasileiras. E eles querem, no lugar, impor o pensamento economicista, de desenvolvimento, de progresso, e começam a dizer que o "agro é pop", para justificar a destruição do meio ambiente, a criação de hidrelétricas num país que não precisa de mais energia apenas para gerar lucros enormes nas corporações.

A meu ver, no ponto de vista educacional, a gente perde a oportunidade única de se tornar um país maduro. Eu costumo dizer brincando, mas sério, é claro, sobretudo para os professores, que o Brasil é um país adolescente. Ele não é ainda o adulto que sabe o que quer da vida e não é mais a criança que precisa ser conduzida. E o que caracteriza o adolescente? Crise de identidade. Ele não sabe para onde ele vai, o que vai ser. Então ele fica ali neste processo de descoberta. Mas a pergunta que se faz é quando o adolescente vai virar adulto? E o que o adolescente faz, normalmente? Na sua crise de identidade, ele não sabe quem ele é. E quando ele olha no espelho a imagem que ele enxerga não é a imagem que ele quer. Porque o espelho sempre projeta a gente para trás. Você olha no espelho, e além de ver você mesmo, você vê o que está atrás de você. E este que está atrás da gente é exatamente as populações ancestrais, as populações que foram trazidas para cá à força, e isso não é colocado gerando dignidade às pessoas. Enquanto o Brasil não ensinar seus próprios jovens a terem orgulho de fato do que a gente é, nós vamos sempre estar nesta constante crise. E isso obviamente tem endereço. É importante a gente estar o tempo inteiro nessa crise, porque alguém está sempre buscando um jeito de aparecer como salvador da pátria. Ou aparecer com justificativas para arrancar riquezas. "Então vende a Amazônia. Vendendo a Amazônia o Brasil cresce e aparece". "Para que tanta terra para esses índios que não sabem fazer nada com elas?" E isso vai gerando para os brasileiros uma espécie de *laissez-faire*. "Não importa que destruam a Amazônia. O importante é que eu chegue em casa e tenha dinheiro para comprar a minha geladeira nova, a minha televisão nova. Não importa". Se estão roubando nióbio, se estão roubando ouro, se estão tirando diamante da terra, se estão fazendo contrabando da nossa biodiversidade, não importa. O Brasil não se compromete com isso. E a educação brasileira tem um papel fundamental nisso.

Então, se eu pudesse dizer que há uma solução para isso, é a gente começar a criar nas crianças autoestima. Que elas sintam orgulho de ser o que são. E orgulho não significa você adorar uma bandeira, não significa você ter ordem e progresso. Orgulho é uma coisa que vem de dentro para fora, que você se sente parte. Pertencimento. A bandeira externa, se ela não estiver dentro de você, ela vai só te enganar. Será mais um tipo de enganação que a gente vive. Eu acho então que a literatura que a gente faz é nossa tentativa de oferecer um pouco desse orgulho. Questionar que indígena está dentro dos jovens, mostrar para eles que quando estão negando os índios, estão negando a si mesmos, que quando negam o direito dos povos indígenas de cantar e dançar dos seus jeitos, viver do jeito que são, está negando a si mesmo. Será que é muito difícil as pessoas entenderem isso?

Qual você acha que é a importância do pensamento indígena para o momento em que estamos vivendo?

Existe um diferencial nas populações indígenas de maneira geral, e que na verdade cria um certo constrangimento para essa sociedade capitalista que a gente vive, que quer ser global, que é a noção de tempo. O pensamento indígena é um pensamento holístico. É um pensamento circular. E esse pensamento circular, ele nasce como uma resposta à compreensão da existência. Para um Munduruku, só existem dois tempos, que é o tempo passado e o tempo presente. Para o Munduruku não existe tempo futuro. As línguas em geral, e o Munduruku em particular, são línguas que criam as palavras de acordo com sua necessidade, com o que ele vive. E a nossa educação é uma educação para o presente. E esse presente é alimentado pela memória, que é o tempo passado. Quando a sociedade ocidental cria toda a sua cosmogonia, digamos assim, no futuro, ela rompe com o comprometimento das pessoas. Porque apenas o presente compromete as pessoas. E é isso que as pessoas não conseguem compreender da dinâmica indígena. Por que a gente é chamado de preguiçoso? Porque não produzimos para acumular. A gente produz para o dia a dia.

Pensando tradicionalmente, porque hoje em dia tem coisas mudando em relação a isso. Mas a gente produz para o cotidiano. E a gente produz as coisas seguindo a um ritual, seguindo a uma lógica que foge da lógica ocidental, que é de inventar espaços para juntar as coisas. A gente segue uma lógica que é: "produzimos farinha, quanto é que precisamos? Vamos dividir o resto, não temos espaço dentro de casa para guardar o restante". E esse tipo de lógica bate frontalmente com essa visão acumuladora que o Ocidente inventou, de consumo exarcebado, que leva as pessoas ao egoísmo, e não à partilha. Em muitos lugares do mundo as pessoas estão fazendo experiências, já começaram a perceber que é importante reciclar, que é importante trocar, que é importante reaproveitar as coisas. Tem gente fazendo experiências comunitárias. Ué, será que o Ocidente vai ter que fazer toda essa movimentação de novo para perceber que o que vale a pena é o cotidiano, é o dia a dia, é o presente?

A grande contribuição que o indígena dá para o Brasil é continuar vivo. É permanecer vivo, permanecer com essa resistência. Porque o único grupo organizado que resiste no Brasil são os indígenas. Grupo organizado, porque é claro, tem os quilombolas, tem as comunidades ribeirinhas, mas não são grupos tão organizados. Os povos indígenas são o grupo social mais bem organizado há 500 anos. São cinco séculos de lutas de sobrevivência, se reinventando o tempo inteiro. Esse tipo de resistência que os povos indígenas demonstram e ninguém vê. Porque na cabeça das pessoas tem o modelo que já está construído, de consumo, de produção. Então todo mundo fica feliz quando ganha o salário no fim do mês. Ou todo mundo se ilude achando que será feliz quando se aposentar. Todo mundo se ilude achando que no futuro vai ser diferente. E a partir disso cria dívidas. Ou então cria uma poupança, guardando dinheiro para um futuro que não se sabe se vai existir, porque pode morrer no caminho. E a sobrevivência dos povos indígenas é um importante contraponto a tudo isso.

É importante sempre lembrar que as populações indígenas são nossas contemporâneas. A sociedade brasileira precisa perceber isso: nós estamos aqui, agora. Não somos povos do passado. Passado é memória. Tem que ser alimentado como memória. Isso vale para os indígenas, mas vale também para a esfera do Brasil. Essa memória é importante, não pode ser esquecida. Mas o povo brasileiro precisa entender que nós somos contemporâneos. E se somos contemporâneos e estamos num mundo globalizado, nós fazemos parte desse mundo. Então é inadmissível que as pessoas ainda digam que não podemos fazer isso ou aquilo, que não podemos participar disso ou daquilo, que não somos competentes para isso ou aquilo. Nós somos. Somos competentes, estamos nesse mundo para ficar. Muitos de nossos antepassados se sacrificaram para que hoje nós pudéssemos usufruir desse tempo presente. Nós somos seres do presente. E se o presente nos pede atualização, nós precisamos nos atualizar, para continuarmos os mesmos. Precisamos nos renovar para renovar nossa própria cultura, nosso próprio jeito. Então quando nós vemos os indígenas presentes na sociedade brasileira, nós não podemos dizer que ele não é mais. Ou que ele não tem direito de estar ali. Que ele não tem direito de ser um músico competente, um ator de novela ou teatro, um escritor competente, um político competente, um economista competente. A gente pode ser tudo isso. E a gente pode se propor a aprender com esse mundo, com essa sociedade, e ser uma forma de contribuir com ele.

O fato da gente aprender não faz com que a gente deixe de ser. Ao contrário, diz sobre a nossa capacidade de aprendermos sem deixar de ser. Isso as pessoas tem que ter muito claro. Se o Brasil tem hoje 20 doutores indígenas, 40 mestres indígenas, cerca de seis mil universitários indígenas, qualificando, se preparando, é um avanço extremo. Toda essa gente está ajudando o Brasil a melhorar. Toda essa gente está contribuindo para que a cultura brasileira se engrandeça. Essa gente toda não quer deixar de ser, de pertencer a seu povo. Ao contrário, está mostrando para a sociedade brasileira que é parte de um povo inteligente, de um povo que sabe se atualizar, de um povo que sabe sobreviver, que sabe responder às suas necessidades. É fundamental a sociedade brasileira entender isso para que ela admita a sua própria ancestralidade.

SOBRE-VISÕES

O DANIEL E OS MUNDURUKUS

Depoimento para o Jornal do Campus da USP, em 19 de abril de 1993.

Meu nome português é Daniel, e eu sou um Munduruku. Não gosto de contar meu nome índio, então sou Daniel Munduruku.

Nasci numa aldeia no Pará e lá vivi até os cinco anos, quando fui para Belém com minha família. Comecei meus estudos e, em Manaus, cursei o colegial.

Quando fui para Lorena terminar o curso de Filosofia, comecei meu trabalho com a Pastoral do Menor. A partir daí minha consciência política e minha parte na luta pelos povos indígenas cresceu muito. Hoje, na pós-graduação, estudo meu próprio povo, ou seja, sou sujeito e objeto de pesquisa ao mesmo tempo.

Ser índio... ser índio é ter consciência da própria humanidade. Tento passar isso nas aulas. Eu deixo claro aos meus alunos que ser índio não é ser atrasado. Para muitos brancos, quando um índio estuda, ele não é mais índio. Isso porque acham que índio é nu, atrasado, burrinho e com um lindo cocar... Só que não é assim. Não é qualquer índio que usa cocar, porque cocar é símbolo de autoridade. Além disso, há algumas tribos que nem usam o cocar em sua cultura!

Quando se nasce índio, será sempre índio. Mesmo que eu use calça jeans continuo índio, da mesma maneira que um branco de cocar não é índio. Não é a roupa que faz o indivíduo.

Os povos indígenas querem sua auto-determinação, ou seja, ter sua terra, sua educação e sua independência. Isto falado pelo branco lembra assistencialismo, mas para o índio significa libertação.

Nosso objetivo é utilizar a arma que os brancos utilizaram para nos oprimir – a linguagem – não para a opressão, mas para fazer dela um bom uso.

Infelizmente não temos chances de conseguir o que queremos no Ano Internacional do Índio – voltarmos a ser os donos da terra. Os posseiros também não respeitam a demarcação. Desse jeito, que esperança podemos ter num parlamentarismo? E nesse presidencialismo que está está aí? Ah, quando ao caciquismo... o caciquismo já existe. A Funai, por exemplo. É muito cacique para pouco índio.

*

O povo Munduruku, uma sociedade de aproximadamente cinco mil pessoas, vive hoje em sua grande maioria em uma área demarcada à margem direita do Alto Tapajós, no Sudoeste do Pará.

Os Munduruku têm mantido parte considerável de sua cultura nativa, apesar de mais de um século e meio de contato com a sociedade brasileira.

A língua Munduruku pertence ao tronco linguístico Tupi, é considerada pelo grupo talvez como o principal sinal de diferenciação em relação ao mundo dos brancos.

Todos falam Munduruku: a situação linguística é caracterizada pelo monolinguismo nativo (principalmente mulheres, crianças e adolescentes), fato este explicado pelo pouco contato com a sociedade envolvente, e bilinguismo parcial (especialmente homens que viveram o ciclo da borracha ou frequentam garimpos de "civilizados", e mulheres que estudaram na missão).

O grupo vive de caça, de coleta, de pesca e tem se caracterizado pelo desenvolvimento da agricultura e da criação de animais domésticos, bem como, atualmente, da exploração dos garimpos de ouro surgidos dentro da reserva.

A principal luta dos Munduruku é a definição, por parte do Governo Federal, da nova demarcação da área tradicionalmente ocupada pelo grupo. Além disso, há constante invasão por parte de garimpeiros na área Munduruku.

O problema de assistência de saúde também tem preocupado as lideranças que têm buscado apoio em várias entidades não-governamentais, a fim de resolver o dilema. Por outro lado, mais preocupante ainda é o sistema educacional. Embora haja a presença de educadores no local, falta a infra-estrutura para reciclar esses monitores e oferecer uma educação condigna às crianças.

Quando você começou a escrever livros?

Em 1996 foi lançado meu primeiro livro, com o nome *Histórias de Índio,* pela Companhia das Letrinhas.

Como anda a situação da literatura indígena no país?

Avançou assustadoramente. Há hoje uma demanda muito grande por textos de autores indígenas. Esse *boom* nos pegou, inclusive, desprevenidos, porque não temos autores suficientes para dar vazão a toda esta demanda.

Infelizmente alguns parentes indígenas ainda não conseguem visualizar a importância do papel da literatura para o desenvolvimento de nossa visão de mundo. Creio que isso ainda vá demorar um pouco. Neste sentido, criamos o núcleo de escritores e artistas indígenas. Nosso objetivo é formar um quadro de profissionais que possam responder com responsabilidade a este tipo de demanda social.

Quais são os grandes escritores indígenas na sua opinião. E como eles têm conseguido exercer essa função?

Há dois grupos de escritores indígenas: 1) os que estão criando uma literatura de ficção baseada na sua experiência de aldeia; 2) os que são memorialistas no sentido de que estão escrevendo coisas a partir da memória tradicional de sua gente. Os dois grupos são fundamentais para o desenvolvimento da literatura indígena. É claro que há escritores que transitam pelos dois grupos com muita tranquilidade e outros ainda estão num processo de aprendizagem da linguagem escrita, o que os limita um pouco, mas certamente irão brilhar futuramente. Vale dizer também que alguns indígenas se destacam mais pelo domínio da linguagem oral e são excelentes oradores. Isso os torna também pessoas especiais, pois acabam alimentando aqueles que escrevem.

E quais são as dificuldades que um escritor indígena encontra hoje, para seguir a sua carreira?

Tem que ficar claro que a escrita é uma ferramenta nova para a maioria dos autores indígenas. Muitos já falam o português há muito tempo, mas não dominavam a escrita. Ora, se é difícil e complicado para quem domina a língua portuguesa imagine para quem tem começar bem do comecinho? Portanto há dificuldades inerentes ao domínio dos estilos narrativos, da gramática, do mercado livreiro, do conhecimento de editoria, etc. Publicar um livro pode parecer fácil à primeira vista, mas tornar este livro conhecido e aceito pela sociedade é muito difícil. Há uma vantagem para os autores indígenas, no entanto, que é a demanda pela temática que foi iniciada por alguns escritores há algum tempo atrás.

Por que você escolheu, ou foi escolhido, ser um porta-voz, defensor da cultura indígena? Qual é a sua missão? Qual é a sua busca?

Não me considero um avatar ou coisa parecida. Talvez eu tenha nascido com um talento, um dom que é escrever. Isso eu só descobri depois de muito tempo. Eu sempre me senti educador. Minha paixão era a escola, a educação. Nunca havia me imaginado escritor e nem tinha certeza de que sabia escrever. Só com o passar dos anos é que fui percebendo que tinha recebido esta "missão". Também não sou porta-voz de ninguém ou de algum povo. Sinto-me pertencente de uma teia onde cada fio faz diferença. Estou tentando fazer a diferença dentro dessa área da escrita. Há muitos e bons líderes fazendo bons trabalhos em outras áreas de atuação e isso muito me alegra. A minha busca se alimenta dos sonhos de contribuir para que o ser humano seja melhor; de que os povos indígenas possam viver com dignidade; de que não precisamos nos esconder ou ocultar a nossa identidade para sermos aceitos pela sociedade. É nisso que acredito e é isso que busco.

Qual é o seu próximo livro? Você pode nos contar um pouco?

Tenho muitos projetos de livros e alguns já prontos para serem editados. É difícil falar de um ou outro. Mas posso dizer que descobri que posso escrever sobre qualquer assunto utilizando um estilo que pode ser compreendido por crianças e jovens. Neste sentido estou escrevendo alguns livros que estão livres da temática indígena. São textos onde falo de valores humanos que ultrapassam fronteiras. Também estou para lançar meu primeiro título para o público adulto, uma espécie de viagem filosófica no coração da floresta amazônica. Tenho um projeto para dois livros informativos voltados para crianças pequenas.

Estou organizando uma antologia de autores indígenas. Também irei coordenar uma coleção onde estarão autores indígenas de vários lugares do Brasil. E ainda faço o doutorado em educação na Universidade de São Paulo, ministro cursos, dou palestras pelo Brasil afora, dirijo uma entidade não-governamental, atuo como assessor do Instituto Munduruku, no Mato Grosso; coordeno o Núcleo de Escritores e Artistas Indígenas, entre outras coisas.

Por que livros voltados às crianças? Você sente saudade da sua infância?

Um indígena não sente muita saudade. Nosso tempo é sempre o presente porque vivemos intensamente os momentos anteriores. É claro que às vezes sinto saudades ou nostalgia do tempo de criança, mas sei que preciso viver o agora. É nesta direção que vão meus livros. Eles refletem sobre o tempo mostrando que para tudo tem um tempo mítico e pessoal que nos torna senhores da nossa vida. Eu não creio no futuro. Futuro é um tempo que ainda não chegou. Sou fascinado pelo presente. É para esta criança de hoje que escrevo desejando que ela se torne um adulto inquieto e bem resolvido.

Gostaria que você me contasse sobre sua convivência com o Avô Apolinário?

Já tive a oportunidade de contar sobre isso em um livro que foi premiado pela Unesco, em 2004. o livro se chama *Meu Vô Apolinário – um mergulho no rio da (minha) Memória*. Ali eu conto como foi minha convivência nascida, sobretudo, a partir do momento em que eu havia sofrido uma grande decepção com a minha própria condição de índio. É um relato muito verdadeiro e sugiro aos leitores que me encontrem ali.

Quando foi e como foi os primeiros contatos que você teve com a civilização ocidental? Queria que você me contasse sobre a sua transição para a cidade! Tem algum causo... As curiosidades...

Sou nascido em Belém do Pará. Desde criança tive contato com a "civilização", mas cresci numa aldeia (que também conto no livro citado acima) num município paraense. Cresci como crescem os indígenas e aprendi coisas do nosso povo. Meu corpo foi vítima dessa educação tradicional que muito me orgulha. Minha mente, no entanto, se alimentou também da filosofia ocidental. Esse encontro de culturas certamente é responsável por tudo aquilo que sou hoje.

E hoje, com todas as suas andanças pelo país, quais coisas ainda te aborrecem na vida da cidade?

Poucas coisas. Na verdade tem algumas que não entendo direito como: por que as pessoas têm que fazer filas o tempo todo? Por que tudo tem que ser gerenciado por um banco? Por que as pessoas acham que são melhores que outras? Por que tanta burocracia para confiar em outra pessoa? Por que as pessoas não cumprem a palavra dada? Por que as pessoas são tão solitárias?

E o que você observa de bom? O que você acha que aprendeu no cotidiano da cidade?

Aprendi que todas as pessoas são sujeitos de direito. Que em cada pessoa humana cabe um universo inteiro. Isso me leva a uma postura de tolerância e respeito aos caminhos de cada indivíduo. Isso só é possível ser observado quando percebemos que as pessoas não são iguais e não são tratadas com a mesma dignidade. O direito é algo louco porque ele parte do princípio de que as pessoas são desiguais. Se fosse o contrário não haveria necessidade do direito. Isso é algo incompreensível para o indígena acostumado à liberdade.

Com o advento da Internet, quais dificuldades você teve para se adaptar nessa cyber-sociedade, e que dificuldades você acha que hoje os índios encontram?

A Internet é para mim uma flecha lançada com uma velocidade supersônica. Se for lançada com agilidade e certeza, ela irá atingir seu alvo. Preciso e devo me comunicar utilizando este instrumental. É uma forma de manter-nos vivos, pois assim nos fazemos conhecidos. Hoje me confesso um escravo da Internet e acredito que nossa gente também precisa manipular este instrumental como condição para sua sobrevivência.

As editoras têm reparado com carinho para a literatura indígena, ou ainda é difícil publicar livros?

Sim. Há uma demanda maior e as editoras estão muito interessadas na temática. Isso acontece, também, porque o governo tem adquirido muitas obras de autoria indígena e o mercado percebe que há aí um produto que pode render bons dividendos.

As editoras não nos publicam como uma ação social, mas por saberem que podem vender o que publicamos. Claro que buscamos qualidade e é por isso que criamos um selo para atestar esta qualidade para a sociedade brasileira.

Como você acha que o governo atual tem se comportado com as reivindicações para as áreas indígenas?

Todos os governos e governantes que passaram pelo Brasil nos últimos 507 anos acharam que a presença indígena é um estorvo. Afinal, que governo definiu e cumpriu uma política pública e consciente para os povos indígenas? Nenhum. Achamos que iria ser melhor agora. Não está sendo. Estamos sendo "colocados para escanteio". Esse governo preferia que não existíssemos. Mas existimos e vamos continuar existindo.

Vi que você criticou o continuísmo do governo Lula... e o hoje, o que você espera de um governo ideal? Você acredita no caminho da reforma ou da revolução?

Estive em Cuba recentemente. Apoiado, aliás, pelo Ministério da Cultura, através do programa de intercâmbio que ele mantém. Foi legal poder presenciar o que está ocorrendo por lá. Digo isso por causa da ideia de revolução que temos. O Brasil passou por uma revolução recentemente quando disse, através do voto, que acreditava na competência revolucionária de um torneiro mecânico. Achei que o torneiro mecânico fosse trazer uma chave inglesa para consertar o Brasil que foi concebido torto. Enganei-me. Preferiu manter a "tortura". Credo em cruz. Isso é coisa de militar.

Li um artigo de um índio (também não me lembro o nome) em que ele dizia num belíssimo discurso que a civilização ocidental tem uma dívida enorme com os povos indígenas. Você compartilha dessa opinião? E se sim, qual o seria o mínimo que o Estado deveria pagar...

Muita coisa é dita como recurso discursivo. Muitas pessoas falam coisas que não entendem, mas que causam um efeito bonito. Não acho que haja divida a ser paga. Acho que há um presente a ser mantido e aí sim há uma luta a ser travada. A história passada aconteceu à nossa revelia, mas a história de hoje a escrevemos nós, com sangue se preciso for.

Acabou de sair o documentário do jornalista Washington de Novaes, "Xingu – A terra ameaçada". Você acha que no geral o contato dos índios com os brancos é uma ameaça para a cultura tupiniquim sobreviver?

Se você se refere à cultura dos indígenas Tupiniquim do Espírito Santo, diria que sim. Se se refere à cultura brasileira, eu perguntaria: quem se importa? Darcy Ribeiro já disse com mais competência que eu que o Brasil nasceu da violência dos colonizadores. Ailton Krenak afirmou que o Brasil foi construído sobre um cemitério. Isso para mim resume tudo sobre este pernicioso encontro secular.

Em outra palestra, uma antropóloga (não lembro o nome) disse que é comum nas aldeias, quando cai a noite, algum grupo de índios escutar e dançar as músicas pop, sucessos da cultura de

massa do país. Enquanto outros estão louvando as tradições folclóricas... A partir disso, você acha que, com essa via entrando nas aldeias, o índio está preparado para absorver essa cultura.. ela é maléfica ou saudável? Que futuro você acha que virá?

Prefiro não fazer julgamentos. Os indígenas são capazes de responder com criatividade tudo o que absorvem das culturas alienígenas, tudo o que lhes é empurrado pela cultura majoritária. Tem sido assim desde muito tempo. A cultura é forte quando ela é capaz de recriar-se sempre. O pessoal de minha aldeia dança muito forró, brega, tecno-brega. Quando eu vou lá eu também danço. Mais tarde a gente dança nossas danças e cantamos nossos cantos. E vivemos felizes. Por outro lado, os indígenas têm que ser responsáveis e fiéis ao que acreditam. Isso é a garantia de continuidade. Mas cabe somente a eles darem esta resposta.

Você acha que ainda hoje os brancos estão se aproveitando da cultura indígena, ou índio já está esperto para que isso não ocorra. Tem algum exemplo?

Tem de tudo. O tempo de contato é que dá a resposta a esta pergunta. Há povos que têm contato muito antigo e já são espertos o suficiente para não cair no conto do vigário. Há outros que são mais recentes e estes ainda são enganados e muitas vezes perdem tudo o que possuem. Há indígenas, pessoas físicas, que enganam os parentes e ficam com a maior parte da riqueza. Tem os que vendem suas informações para grupos de madeireiros, fazendeiros, garimpeiros. Estes se corrompem ou são corrompidos pelo sistema nacional de corruptores (SNC), entidade invisível, mas sempre presente em todas as repartições públicas ou privadas desse amado país. Também do lado dos não-indígenas tem pessoas boas e pessoas mal intencionadas. Sei que é assim.

E, por fim, o mesmo Washington Novaes em palestra disse que os índios têm muito a ensinar a civilização ocidental, e citou o exemplo de que os índios não protegem a informação para transformá-la em lucro... todos podem ter acesso a todo conhecimento. Quais outras grandes lições de vida que índio pode ensinar ao Brasil e ao mundo?

Costumo dizer que a permanência teimosa dos indígenas no Brasil já é a grande lição. Somos povos historicamente espoliados, negados pelo sistema, maltratados, discriminados, desaparecidos da história. Temos sido tratados como indigentes, selvagens, atrasados, preguiçosos, entre outros adjetivos. Apesar disso, resistimos para mostrar nossa força, nossa verdade. Aos poucos vamos percebendo que a sociedade se solidariza mais com a gente e nos percebe homens e mulheres possuidores de uma rica experiência de vida. Talvez isso não sirva pra nada para o sistema capitalista devorador das diferenças, mas é muito importante para cada um de nós que acreditamos na vida nas suas mais diversas manifestações. Realmente não nos sentimos donos de nada, mas usuários de uma beleza que nos foi presenteada pelos espíritos criadores. Queremos gritar isso hoje para que as pessoas despertem sua consciência e possamos dar uma resposta positiva ao mundo que nos pede uma posição. Talvez isso seja a grande lição. Talvez.

O TEMPO DA LEITURA E A LEITURA DO TEMPO

Texto apresentado em Bogotá, Colômbia, em 08 de outubro de 2007, por ocasião do Congresso de Literatura Brasil - Colômbia.

Em primeiro lugar gostaria de cumprimentar a todos os presentes na língua de meu povo Munduruku. É um cumprimento que se faz sempre que a gente chega a um lugar para uma visita, para contar histórias ou trazer noticias de outros lugares. É uma forma de dizer que um encontro verdadeiro é aquele em que a gente sempre sai melhor, mais forte, mas sábio, mais humano.

Meu povo Munduruku está presente em três estados brasileiros: Amazonas – onde aconteceu o primeiro contato com a sociedade brasileira; no Pará – onde os munduruku tiveram uma importante atuação na história local e onde nasci e cresci; e no Mato Grosso – para onde migraram algumas famílias na década de 1980.

Este povo tem, portanto, uma relação antiga com a sociedade nacional, tendo que adaptar-se em seu ser cultural para continuar vivo. Esta adaptação foi feita sobretudo no que se refere à necessidade de incluir hábitos que antes não faziam parte do seu cotidiano, como vestir roupas ou consumir alimentos estranhos à sua dieta alimentar. Teve também que aprender a língua portuguesa para comunicar-se e ir à escola para conhecer os valores ocidentais. Claro que não se tratou de uma passagem tranquila e nem isso fez com que esse povo deixasse suas principais características culturais, como os rituais, as tradicionais pinturas corporais, a língua e outros elementos que o tornam particular no cenário da sociodiversidade brasileira.

É do lugar de membro desse povo que lhes desejo falar. Sou um indígena, um nativo, um Munduruku. Dentro deste povo nasci e nele aprendi os elementos principais da nossa cultura: aprendi a ouvir, falar apenas o essencial, fazer o silêncio que vem de dentro, imprescindível para viver em paz comigo mesmo e com as pessoas que me cercam. Aprendi as lições da floresta, dos rios e de todos os seres que habitam nosso mundo mítico e milenar.

Mas também fui "vítima" do sistema ocidental de ensino e com ele aprendi a manipular a memória através da escrita, tornando-me, assim, um relator da memória oral da gente indígena que, no dizer do ocidente, faz de mim um escritor. Meu amigo Ailton Krenak prefere me chamar de "Escrevinhador das memórias", título que muito me honra.

Tenho a alegria de estar aqui hoje para falar sobre a literatura de autoria indígena que se faz hoje no Brasil, numa profunda contradição entre oralidade e escrita. No entanto, não é possível falar da literatura quando ela é feita por pessoas de tradição ágrafa sem apresentá-las antes para que se entenda o grau de dificuldade que temos nas relações com as sociedades complexas que têm, nas letras, seu principal ponto de convergência humana. Isso, às vezes, faz com que estas mesmas sociedades tenham necessidade de dar tempo à leitura e se esquecem de fazer a leitura do tempo, rejeitando, por isso, as outras formas de leitura e escrita produzidas, desde muitos séculos, pelas sociedades tradicionais.

Certamente é já do conhecimento de todos que o Brasil possui uma sociodiversidade muito grande. É um povo marcadamente mestiçado, num processo que envolveu os europeus, africanos e povos originários da terra, que equivocadamente são chamados de índios, termo genérico reproduzido pela escola com sinônimos diversos: atrasados, feios, preguiçosos, selvagens, canibais, infantis, para dizer apenas alguns. Este tipo de tratamento esconde, desde muito tempo, a verdade sobre a riqueza que nossos povos possuem dentro do seu contexto sociobiodiverso.

O que temos hoje no Brasil é uma diversidade cultural e linguística que surpreende o mundo todo: somos aproximadamente 230 diferentes povos e falamos 180 línguas divididas entre troncos, línguas, dialetos tão distintos entre si que é quase impossível conhecê-los todos. Tal diversidade faz tornar-se ridícula e perigosa a generalização utilizada ainda hoje.

Estas sociedades – que experimentam diferentes formas de humanidade – têm diferentes relações com a sociedade brasileira. Algumas delas têm 500 anos de contato; outras, 300, 200 anos; outras têm apenas 40 ou 50 anos e acredita-se que existem outras 50 comunidades que não possuem contato algum com a sociedade nacional. São pequenos grupos que fogem ao encontro que sabem ser muito nocivo para a sua própria cultura.

Neste quadro e com estas diferentes situações, povos indígenas inteiros têm sofrido as consequências de viverem em contato permanente com uma sociedade que lhes mantêm escravos de um conceito que os torna menores, infantis e marginalizados. A isso se inclui a negação da identidade cultural. Se por um lado manter-se indígena é condição fundamental para o reconhecimento étnico – pois assim a sociedade complexa pode manipulá-lo – o aprender e conviver com a sociedade nacional em igual condição é considerado um abandono da identidade. Em outras palavras: se vou para a universidade e compreendo a lógica do Ocidente, acabo sendo desqualificado como pertencente a uma sociedade indígena. Ser indígena, na cínica lógica do ocidente, é manter-se "no atraso cultural"; ao pertencer ao mundo global perco minha identidade étnica. Essa forma de pensar tem ocasionado sérias crises de identidade no meio indígena. Jovens, levados a pensar que o melhor é negar a identidade e assumir a identidade ocidental, acabam aprendendo, de forma dolorida, que ao fazer isso também não são aceitos pelos outros. A consequência disso tem sido o sofrimento, a dor, o suicídio.

É claro, no entanto, que em nenhum momento estas sociedades deixaram de resistir e lutar pelo que consideravam importante para a manutenção de suas culturas tradicionais. E mesmo tendo sido imposto um modelo de sociedade ao qual deveriam abraçar para tornarem-se mais humanos – no pensar do ocidente capitalista – estes povos não desistiram de sonhar um encontro em que pudessem mostrar toda sua riqueza humana. Neste sentido, o surgimento do movimento indígena organizado na década de 1980 foi fundamental para mudar a forma de relação com a sociedade brasileira. Naquela ocasião, jovens que foram mandados por suas comunidades para estudarem nas cidades iniciaram um movimento que culminaria no estabelecimento de um novo paradigma com o governo brasileiro.

No início de tudo, estes jovens lutavam por coisas muito práticas: demarcação das terras habitadas imemorialmente pelos povos indígenas; assistência à saúde; educação diferenciada que levasse em consideração as diferenças étnicas; desenvolvimento de projetos de economia alternativa, sobretudo para aquelas comunidades com maior tempo de exposição à sociedade envolvente e que já não dominavam mais a técnica tradicional de economia.

Mais tarde e com uma nova geração de lideranças, houve uma preocupação na formação de técnicos indígenas e formação universitária, o que vem ocorrendo até os dias de hoje. Neste ínterim, foram surgindo os primeiros ensaios de uma literatura eminentemente indígena. Isso se deu justamente pela constatação de que os indígenas, apesar de todo o avanço político que haviam conquistado, não conseguiam falar por si mesmos. Eram sempre representados por estudiosos, antropólogos, cientistas. Esses parceiros acabavam por assumir um papel de paladinos dos direitos indígenas, mas acabavam por tornarem-se uma barreira para o aparecimento de vozes nativas na literatura.

Verdadeiramente os escritos autorais indígenas vêm aparecer apenas na década de 1990. Surgem de forma tímida, mas vão ganhando forças na medida em que a sociedade brasileira vai se abrindo para receber a memória escrita de nossa gente. Esta abertura vai acontecer mais efetivamente a partir do ano 2000, com o crescimento da demanda por textos de autoria indígena, principalmente em função da atuação no movimento indígena de pessoas que tinham maior compromisso com a memória escrita. Livros que foram premiados no Brasil e no exterior também foram importantes para que o mercado livreiro visse nesse nicho um potencial econômico favorável, o que ajudou a expandir esta mesma literatura.

Minha atuação na área da literatura é relativamente recente. É verdade que lancei meu primeiro livro em 1996 e que ele teve uma repercussão bastante surpreendente, sobretudo nas escolas. Foi o primeiro livro lançado por um indígena endereçado para o público das escolas brasileiras.

Em 2003, o livro *Meu Vô Apolinário – um mergulho no rio da (minha) memória*, recebeu da Unesco uma indicação no Prêmio de Tolerância que ela mantinha. Isso colocou a literatura na mídia e fez com que novos autores indígenas também começassem seu caminho nesta seara.

Em 2003 ajudei a criar o INBRAPI – Instituto Indígena Brasileiro para Propriedade Intelectual – uma organização que tem como objetivo a proteção dos conhecimentos ancestrais de nossos povos. Isso fez com que quiséssemos pensar a respeito dos direitos autorais coletivos e, ao mesmo tempo, questionar o uso indevido das histórias tradicionais pela academia e pela literatura. Foi assim que, contando com a parceria sempre muito qualificada da Fundação Nacional do Livro Infantil e Juvenil – FNLIJ – decidimos organizar o primeiro encontro de escritores indígenas e lançar dois concursos que ajudariam a divulgar a literatura escrita pelos indígenas e a descobrir novos autores nas comunidades tradicionais.

Para este primeiro encontro – com o aporte financeiro da Fundação Ford – conseguimos reunir, no contexto do salão do livro infantil e juvenil – que acontece anualmente no Rio de Janeiro e organizado pela FNLIJ – 12 escritores indígenas, entre os mais de 30 que foram identificados num levantamento inicial.

Como resultado deste encontro foi escrita "A carta da Kari-oka", em que os presentes expunham, pela primeira vez na história do Brasil, uma posição clara e objetiva sobre o que pensam as sociedades indígenas a respeito dos direitos autorais, chamando a atenção dos escritores e editores para a necessidade de usar o conhecimento tradicional de forma correta e com a devida repartição de benefícios. Ou seja: não se podem recontar histórias tradicionais sem o devido crédito aos verdadeiros donos delas.

Depois deste encontro, que foi um verdadeiro sucesso, outros foram acontecendo ano a ano, com avanços significativos na qualidade dos textos e dos projetos gráficos. O resultado disso tem sido cada vez mais gratificante, por notarmos que já há um reconhecimento de uma autêntica literatura indígena brasileira e a participação crescente de autores indígenas em eventos literários pelo Brasil e exterior.

No entanto, questões ainda surgem como contrapontos na mesma proporção que surgem trabalhos acadêmicos. Há quem diga que os indígenas não fazem literatura. Há quem diga que o acesso à cultura letrada torna os indígenas menos indígenas. Há quem fale que tudo não passa de um surto e que depois cairá no esquecimento.

Pode ser. Confesso, no entanto, que isso não me preocupa. Não fui eu quem criou os conceitos classificatórios para o que os indígenas escrevem. De minha parte sequer acho que fazemos literatura. Já disse neste mesmo texto que fazemos memória escrita. Contamos nossa vida, nossa experiência, nossas histórias relatadas pelos velhos. Colocamos nela sonhos e crenças que cultivamos como verdade que nos é oferecida pelos nossos ancestrais.

Também acho que lançamos um instrumental para questionar a sociedade da tecnologia e do egoísmo. Oferecemos uma alternativa de leitura do mundo e do tempo e da experiência de estar vivos. Alertamos para a necessidade da memória na construção da identidade. Enfim, questionamos a sociedade onde prevalece o esquecimento e a cínica crença de que o indivíduo está acima de tudo, pode tudo, até destruir o mundo que ele não fez.

Escrevemos para contar o que sabemos e não para esvaziar a oralidade;

Escrevemos aquilo que acreditamos, não com o intuito de desprezar o que os outros crêem;

Escrevemos nossa memória para que os outros saibam de onde vêm;

Escrevemos nosso jeito simples de viver para que todos saibam que a felicidade é possível; que a liberdade é possível; que a simplicidade é riqueza.

E continuaremos... para sempre.

EDUCAÇÃO INDÍGENA: DO CORPO, DA MENTE E DO ESPÍRITO

Publicado originalmente na
revista Múltiplas Leituras, em junho de 2009

Educar é fazer sonhar. Essa forma de falar sobre a Educação Indígena foi sendo construída à medida que fui refletindo sobre minha infância e adolescência no interior da cultura Munduruku.

> (...) Minha compreensão aumentou quando em grupo deitávamos sob a luz das estrelas para contemplá-las, procurando imaginar o universo imenso diante de nós, que nossos pajés tinham visitado em sonhos. Educação para nós se dava no silêncio. Nossos pais nos ensinavam a sonhar com aquilo que desejávamos. (...) Aprendi a ser índio, pois aprendi a sonhar. Ia para outras paragens. Passeava nelas. Aprendia com elas. Percebi que na sociedade indígena, educar é arrancar de dentro para fora, fazer brotar os sonhos e, às vezes, rir do mistério da vida. (*Histórias de índio*, 1996).

A educação indígena é muito concreta, mas é ao mesmo tempo mágica. Ela se realiza em distintos espaços sociais que nos lembram sempre que não pode haver distinção entre o concreto dos afazeres e aprendizados e a mágica da própria existência que se concretiza pelos sonhos e pela busca da harmonia cotidiana. O que pode parecer contraditório à primeira vista, segue uma lógica bastante compreensível para nossos povos, e não é uma negação dos diferentes modos de coexistência, como se tudo fosse uma coisa única, mas um modo da mente operacionalizar o que temos a pensar e viver.

Já disse em *O Banquete dos Deuses* (2000) que não é hábito de nossa gente fazer conjecturas filosóficas a respeito da vida. Segundo os princípios que regem nosso existir, a vida é feita para ser vivida com toda intensidade que o momento nos oferece. Essa filosofia se baseia na ideia do presente como um presente que recebemos de nossos ancestrais e na certeza de que somos "seres de passagem" nesse planeta, portanto desejosos de viver o momento como ele se nos apresenta. Nesta visão está implícita uma noção de tempo alicerçada no passado memorial, mas nunca numa ideia vazia de futuro. O futuro é, pois, um tempo que ainda não se materializou, ainda não se tornou presente e, por isso é impensável para a lógica que rege nossa existência.

Claro está que pensar assim dentro de um mundo marcado pela especulação – esta sim uma visão utilitarista do tempo – nos leva a uma compreensão dos motivos que marcaram a relação do ocidente com os povos originários. Foi uma relação impositiva, regida pela secular violência do Estado Colonial e do Cristianismo. Ambos os olhares negavam humanidade à humanidade dos povos indígenas. Negavam a possibilidade de estes povos terem construído uma cosmovisão baseada na unidade corpo/mente/espírito, pois isso jogava por terra a doutrina do poder cristão do rei e da igreja. Daí a cruz ser trazida para ser carregada pelos originários da terra e nunca pelos que a trouxeram; daí a espada que atravessou não apenas o corpo dos antepassados, mas também o seu espírito.

Ainda que ignorado, negado ou transformado pelos colonizadores do corpo e da alma, o saber que sempre alimentou nossas tradições se manteve fiel aos seus princípios fundadores. Isso desnorteou os colonizadores-invasores nos idos de 1500 e continua desnorteando os invasores de nosso tempo, que teimam em destruir as tradições que permanecem resistindo não sem muitas baixas ao "canto da sereia" do capitalismo, cujo olhar frio concentra-se na fragilidade humana, que é capaz de vender sua dignidade e ancestralidade em troca de um conforto e bem estar ilusórios.

Esta resistência permanece viva até nossos dias. Tais tradições se mantêm especialmente através de uma prática regida por uma tríplice concepção que, se não é uma teoria elaborada pela academia ocidental – embora ela também já a tenha descrito, mas sem proveito real como se pode ver na bibliografia citada –, o é pela experiência de vida, pela observação meticulosa dos fenômenos naturais e pela certeza de que somos fios na teia da vida. A educação indígena só pode, pois, ser compreendida através da tríade corpo-mente-espírito, cada um desses pólos sendo o responsável pelo desabrochar dos sentidos, da experiência da vida e dos sonhos.

Educação do corpo. Educação dos sentidos.

Aprendemos na aldeia, desde muito pequenos, que nosso corpo é sagrado. Por isso temos obrigação de cuidar dele com carinho para que ele cuide de nossas necessidades básicas. Aprendemos que nosso corpo é habitado por ausências e que essas ausências precisam ser preenchidas com sentidos construídos por nós. Aprender é, portanto, conhecer as coisas que podem preencher os vazios que moram em nosso corpo. É fazer uso dos sentidos, de todos eles.

É, portanto, necessário valorizar o próprio corpo, oferecendo a ele os instrumentos para que possa cuidar da gente. Assim, é de extrema importância que cada um aprenda a conviver com seu grupo de idade, por ser ele que nos vai "guiar", dar um norte para as descobertas que um corpo infantil precisa fazer. É nesta convivência que a criança indígena vai treinar a vida comunitária como uma necessidade ímpar para sua realização e compreensão do todo. Além disso, vai oferecer-lhe o olhar para seu entorno e descobrir que os sentidos, junto com os comportamentos que eles vão criando, representam sua única segurança e garantia de sobrevivência contra os perigos que a natureza traz.

Ao descobrir estes vazios que o corpo possui, a criança indígena não vê com desprezo a necessidade de adquirir conhecimentos complementares. Ao contrário, ela percebe como é importante deleitar-se com eles num processo de aprendizagem que passa pela leitura do entorno ambiental. Vai compreendendo, então, que o ambiente a ser observado vai deixando marcas que dão sentido ao seu ser criança e à sua própria vida. Entende, então, que o uso dos sentidos confere sentido às suas ações: ganha sentido a leitura das pegadas dos animais, do voo dos pássaros, dos sons do vento nas árvores, do criptar do fogo, das vozes da floresta em suas diferentes manifestações. Conscientiza-se de que andar pela mata é mais que um passeio de distração ou diversão; que subir na árvore é mais que um exercício físico; que nadar no rio é mais que brincadeira; que produzir seus brinquedos é mais que um desejo de satisfação; que ficar horas confeccionando utensílios e objetos é mais que uma necessidade. A criança vai, aos poucos, entendendo que no seu corpo o Sentido ganha vida. Suas ações são norteadas pela ausência que mora em seu corpo e que precisam ser preenchidas por aquilo que constrói razões para sua existência.

Por isso ela tem que crescer. Cresce para dar espaço às outras ausências que se fazem presente e que precisam ser preenchidas também. Agora, no entanto, não podem mais ser preenchidas apenas de modo informal. Será preciso formalizar, e se antes ela apenas imitava os mais velhos, agora vai precisar mostrar que seu corpo está amadurecido para o novo que pede passagem. É neste momento que a criança, já não mais tratada assim, vai viver conscientemente seus rituais de maioridade: é a forma encontrada pelo corpo para construir o passo seguinte.

Não vou me ater as outras etapas do crescimento, pois não é este meu objetivo. Basta dizer que até o momento em que um(a) indígena se torna adulto(a) – entre 13 e 15 anos –, seu corpo já estará todo preenchido e saberá encontrar caminhos para sua sobrevivência física. Vai surgir, então, outro alimento que também foi sendo ministrado ao longo do mesmo processo para que seu corpo não fosse seduzido pelo vazio da existência: a educação da mente.

Educação da Mente. Educação para a vida

Se educar o corpo é fundamental para dar importância ao seu estar no mundo, a educação da mente é indispensável para dar sentido a este estar no mundo. Se no corpo o Sentido ganha vida, é na educação da mente que o corpo o elabora.

Dizia ainda há pouco que na concepção do tempo indígena o presente é o único tempo real. O passado é memorial e o futuro uma especulação que quase não entra na esfera mental dos povos indígenas. Dizia isso para refletir como essa cosmovisão se choca frontalmente com a concepção linear e histórica que o ocidente desenvolveu sobre o tempo. Para o indígena o tempo é circular, holístico, de modo que vez ou outra os acontecimentos se encontram sem, no entanto, se chocar. O passado e o presente ganham dimensões semelhantes e se auto-reforçam mutuamente. Por isso o discurso indígena se apossa de elementos aparentemente distantes entre si, mas perfeitamente compreensíveis no contexto em que se encontram. É a lógica da ressignificação dos símbolos que permite às gentes indígenas passear pelo passado utilizando instrumentos do presente e vice-versa.

Ora, a educação da mente para compreender esta concepção passa pela existência dos contadores de histórias. Quem são eles? São os que trazem para o presente o passado memorial. São aquelas pessoas, homens e mulheres, que assumiram o papel relevante de "manter o céu suspenso", conforme compreensão Guarani. São os que lêem e relêem o tempo tornando-o circular. São os responsáveis pela educação da mente.

Quase sempre são velhos que já sentiram a passagem do tempo pelos seus corpos. São os guardiões da memória. Para muitos dos povos originários, estes velhos são como uma enorme biblioteca onde está guardada a memória ancestral. Daí sua importância para a manutenção da vida e do Sentido.

Lembro que, para o povo Munduruku, ter sorte na vida é morrer velho. Daí porque todos querem morrer velhos. O motivo é simples: cabe a ele ou ela o privilégio de manter a memória viva através das histórias que carregam consigo, contadas, elas também, por outros antepassados numa teia sem fim que se une ao princípio de tudo. Morrer velho é a garantia de que nosso povo não morrerá. Aos pais cabe a educação do corpo. Aos anciãos cabe a educação da mente e, consequentemente, do espírito.

É, pois, através do ato de ouvir histórias, contadas pelos guardiões da memória, que nossa gente auto-educa sua mente de modo que o indígena vive no corpo aquilo que sua mente elabora pela silenciosa e constante atenção aos símbolos que as histórias nos trazem. O corpo que vive o tempo presente alimenta-se, preenche seu vazio com os alimentos do sentido que a memória evoca do tempo imemorial. Não é, portanto, uma vida sem sentido, próxima ao reino animal como queriam os colonizadores de antigamente. Pelo contrário, é uma vivência plena de significações que reverberam pelo corpo. Nossos povos

são, assim, leitores assíduos dos sentidos da existência. Educa-
-se, portanto, para a compreensão do mundo tal qual ele nos foi
presenteado pelos espíritos ancestrais. Educa-se para viver esta
verdade que para nossa gente é plena e nos mostra o caminho
do bem estar, da alegria, da liberdade e do sentido.

Educação do Espírito. Educação para sonhar.

Outro aspecto relevante da vida indígena é o sonho. Ele faz
parte da crença de que há mundos possíveis de serem encontrados. O sonho é a linguagem do universo para nos lembrar que
somos parentes de todos os seres vivos que co-habitam conosco
este planeta. Pelo aprendizado do sonho instalamos em nós uma
espécie de software que atualiza a memória que nos torna per-
tencentes a uma coletividade universal e nos faz sair da prisão
que o corpo nos impõe. Daí que entendemos como o saber de
um povo é, ao mesmo tempo, local e universal. Mesmo que ele
não tenha consciência disso.

Para muitos povos indígenas brasileiros existe uma crença
no outro mundo. Este outro mundo é onde moram os espíritos
criadores. Acredita-se também que todas as coisas estão vivas,
porque possuem uma alma tornando-as nossas parentas e
companheiras em nossa passagem pela vida. Essa compreensão
faz com que nossos povos ritualizem suas ações especialmente
quando elas têm relação com estes seres que, como nós, têm
também uma alma. Dessa forma a derrubada de uma área para
o plantio da roça é acompanhada de rituais a nos recordar que
nada pode brotar se não pela atuação dos ancestrais e pela gra-

tidão que se dispensa a Eles e aos seres que criaram por meio do mesmo gesto primordial que nos deu vida...

Da mesma forma acontece nos rituais da caça e da pesca, nos quais se envolvem os vivos e os encantados. O fato é que a crença no parentesco entre homens e outros seres vivos é uma mola propulsora eficaz, uma vez que, criando relações íntimas entre eles, não permite que estes povos explorem, além da necessidade, o ambiente onde vivem.

O fio condutor dessa relação está no sonho. Meu avô dizia ser a linguagem que nos permite falar conosco mesmos. Dizia também que não dormimos para descansar, mas para sonhar e conhecer os desejos deles, desses seres que nos habitam. Para ele, o sonho era nossa garantia da verdade. Para mim o sonho sempre será o *locus* onde as histórias ganham realidade.

Resumindo: o corpo é o lugar onde reverberam os saberes da mente (intelectual) e os saberes do espírito (emocional). Educar é, portanto, preparar o corpo para sentir, apreender e sonhar. Pode ser também para sonhar, apreender e sentir. Ou ainda, apreender, sentir e sonhar. Não importa. É um mesmo movimento. É o movimento da Circularidade, do Encontro, do Sentido.

Talvez nada disso faça sentido para o ocidental, acostumado com o pensamento linear, quadrado, senhorial, possessivo. Não importa. Nunca fomos entendidos mesmo. E ainda assim sobrevivemos. Mas, mesmo assim, é importante destacar que apesar da incompreensão por parte do pensamento ocidental – excessivamente linear, quantitativo e utilitarista – estamos hoje vivendo um momento onde a diversidade de experiências culturais é o nosso valor maior. Daí porque, apesar de incompreendidas, as culturas indígenas têm um papel importante a cumprir nessa grande Ágora, onde cada um precisa contar a sua história. De resto, a incompreensão e negação dessas culturas redundam, como mostra bem Vandana Shiva, na pilhagem e usurpação dos saberes tradicionais que sempre tiveram, e ainda têm o que dizer e o que ensinar. Na educação, ensinar a sonhar, certamente, é uma grande lição.

LITERATURA INDÍGENA E O TÊNUE FIO ENTRE ESCRITA E ORALIDADE

Publicado originalmente no
portal Overmundo, em 30 de novembro de 2008

A escrita é uma conquista recente para a maioria dos 230 povos indígenas que habitam nosso país desde tempos imemoriais. Detentores que são de um conhecimento ancestral aprendido pelos sons das palavras dos avôs e avós antigos, estes povos sempre priorizaram a fala, a palavra, a oralidade como instrumento de transmissão da tradição obrigando as novas gerações a exercitarem a memória, guardiã das histórias vividas e criadas.

A memória é, pois, ao mesmo tempo passado e presente que se encontram para atualizar os repertórios e encontrar novos sentidos que se perpetuarão em novos rituais que abrigarão elementos novos num circular movimento repetido à exaustão ao longo de sua história.

Assim estes povos traziam consigo a memória ancestral. Essa harmônica tranqüilidade foi, no entanto, alcançada pelo braço forte dos invasores: caçadores de riquezas e de almas. Passaram por cima da memória e foram escrevendo no corpo dos vencidos uma história de dor e sofrimento. Muitos dos atingidos pela gana destruidora tiveram que ocultar-se sob outras identidades para serem confundidos com os desvalidos da sorte e assim poderem sobreviver. Estes se tornaram sem-terras, sem-teto, sem-história, sem-humanidade. Estes tiveram que aceitar a dura realidade dos sem-memória, gente das cidades que precisa guardar nos livros seu medo do esquecimento.

Por outro lado – e graças ao sacrifício dos primeiros – outro grupo pode manter sua memória tradicional e continuar sua vida com mais segurança e garantia. Estes povos foram contatados um pouco mais tarde quando os invasores chegaram à Amazônia e tentaram conquistá-la como já haviam feito em outras regiões. Tiveram menos sorte, mas também ali fizeram relativo estrago nas culturas locais e as tornaram dependentes dos vícios trazidos de outras terras. Foram enfraquecidos pela bebida, entorpecidos pela divindade cristã e envergonhados em sua dignidade e humanidade.

Estes povos – uns e outros – estão vivos. Suas memórias ancestrais ainda estão fortes, mas ainda têm de enfrentar uma realidade mais dura que de seus antepassados. Uma realidade que precisa ser entendida e enfrentada. Isso não se faz mais com um enfrentamento bélico, mas através do domínio da tecnologia que a cidade possui. Ela é tão fundamental para a sobrevivência física quanto para a manutenção da memória ancestral.

Claro está que se estes povos fizeram apenas a "tradução" da sociedade ocidental para seu repertório mítico, correrão o risco de ceder "ao canto da sereia" e abandonar a vida que tão gloriosamente lutaram para manter. É preciso interpretar. É preciso conhecer. É preciso se tornar conhecido. É preciso escrever – mesmo com tintas do sangue – a história que foi tantas vezes negada.

A escrita é uma técnica. É preciso dominar esta técnica com perfeição para poder utilizá-la a favor da gente indígena. Técnica não é negação do que se é. Ao contrário, é afirmação de competência. É demonstração de capacidade de transformar a memória em identidade, pois ela reafirma o Ser na medida em que precisa adentrar no universo mítico para dar-se a conhecer ao outro.

O papel da literatura indígena é, portanto, ser portadora da boa notícia do (re)encontro. Ela não destrói a memória na medida em que a reforça e acrescenta ao repertório tradicional outros acontecimentos e fatos que atualizam o pensar ancestral.

Há um fio muito tênue entre oralidade e escrita, disso não se duvida. Alguns querem transformar este fio numa ruptura. Prefiro pensar numa complementação. Não se pode achar que a memória não se atualiza. É preciso notar que ela – a memória – está buscando dominar novas tecnologias para se manter viva. A escrita é uma dessas técnicas, mas há também o vídeo, o museu, os festivais, as apresentações culturais, a internet com suas variantes, o rádio e a TV. Ninguém duvida que cada uma delas é importante, mas poucos são capazes de perceber que é também uma forma contemporânea de a cultura ancestral se mostrar viva e fundamental para os dias atuais.

Pensar a Literatura Indígena é pensar no movimento que a memória faz para apreender as possibilidades de mover-se num tempo que a nega e que nega os povos que a afirmam. A escrita indígena é a afirmação da oralidade. Por isso atrevo-me a dizer como a poeta indígena Potiguara Graça Graúna:

Ao escrever / dou conta da minha ancestralidade; / do caminho de volta, / do meu lugar no mundo.

A MILENAR ARTE DE EDUCAR DOS POVOS INDÍGENAS

Publicado originalmente no blog Mundurukando,
em 19 de abril de 2010

Educar é dar sentido. É dar sentido ao nosso estar no mundo. Nossos corpos precisam desse sentido para se realizar plenamente. Mas também nossos corpos são vazios de imagens e elas precisam fazer parte da nossa mente para que possamos dar respostas ao que se nos apresenta diuturnamente como desafios da existência. É por isso que não basta dar alimento apenas ao corpo, é preciso também alimentar a alma, o espírito. Sem comida o corpo enfraquece e sem sentido é a alma que se entrega ao vazio da existência.

A educação tradicional entre os povos indígenas se preocupa com esta tríplice necessidade: do corpo, da mente e do espírito. É uma preocupação que entende o corpo como algo prenhe de necessidades para poder se manter vivo.

Esta visão de educação é sustentada pela idéia de que cada ser humano precisa viver intensamente seu momento. A criança indígena é, então, provocada para ser radicalmente criança. Não se pergunta nunca a ela o que pretende ser quando crescer. Ela sabe que nada será se não viver plenamente seu ser infantil. Nada será por que já é. Não precisará esperar crescer para ser alguém. Para ela é apresentado o desafio de viver plenamente seu ser infantil para que depois, quando estiver vivendo outra fase da vida, não se sinta vazia de infância. A ela são oferecidas atividades educativas para que aprenda enquanto brinca e brinque enquanto aprende num processo contínuo que irá fazê-la perceber que tudo faz parte de uma grande teia que se une ao infinito.

Num mesmo movimento ela vai sendo introduzida no universo espiritual. Embalada pelas histórias contadas pelos velhos da aldeia, a criança e o jovem passam a perceber que em seu corpo moram os sentidos da existência. Este sentido é oferecido pela memória ancestral concentrada nos velhos contadores de histórias. São eles que atualizam o passado e o fazem se encontrar com o presente mostrando à comunidade a presença do saber imemorial capaz de dar sentido ao estar no mundo.

Este processo todo é alimentado por rituais que lembram o passado para significar o presente. São movimentos corpóreos embalados por cantos e danças repetidos muitas vezes com o objetivo de "manter o céu suspenso". A dança lembra a necessidade de sermos gratos aos espíritos criadores; contam que precisamos de sentidos para viver dignamente; ordena a existência. Cada grupo de idade ritualiza a seu modo. Cada um se sente responsável pelo todo, pela unidade, pela continuidade social.

Educar é, portanto, envolver. É revelar. É significar. É mostrar os sentidos da existência. É dar presente. E não acaba quando a pessoa se "forma". Não existe formatura. Quem vive o presente está sempre em processo.

É por isso que a criança será sempre criança. Plenamente criança. Essa é a garantia de que o jovem será jovem no seu momento. O homem adulto viverá sua fase de vida sem saudades da infância, pois ele a viveu plenamente. O mesmo diga-se dos velhos. O que cada um traz dentro de si é a alegria e as dores que viveram em cada momento. Isso não se apaga de dentro deles, mas é o que os mantém ligados ao agora.

Resumo da ópera: A educação tradicional indígena tem dado certo. As pessoas se sentem completas quando percebem que a completude só é possível num contexto social, coletivo. Cada fase porque passa um indígena – desde a mais tenra idade – alimenta um olhar para o todo, pois o conhecimento que aprendem e vivem é um saber holístico que não se desdobra em mil especialidades, mas compreende o humano como uma unidade integrada a um Todo maior e Único.

Olhar os povos indígenas brasileiros a partir de uma visão rasa de produção, de consumo, de riqueza e pobreza é, no mínimo, esvaziar os sentidos que buscam para si.

Pense nisso.

Xipat Oboré (Tudo de Bom!)

Como você descobriu a literatura, como leitor e escritor?

Nunca fui um exímio leitor. Descobri a leitura – e não a literatura – quando já era adolescente. Na escola religiosa em que eu estudava, tinha uma excelente biblioteca e isso me seduzia bastante. No entanto, os livros eram em sua maioria religiosos. Me peguei, assim, lendo biografias de santos; livros que tratavam de questões espirituais. Enfim, eram leituras que tinham a ver com minha formação dessa época de estudos. Um pouco depois passei a escrever alguns textos ligados à catequese e aos momentos de festejos religiosos. Lembro que o primeiro texto que escrevi e tive coragem de mostrar para meu professor de português foi sobre a Páscoa. Ele achou tão bom que pediu que eu reproduzisse no mimeógrafo a tinta e distribuísse na paróquia no dia da Páscoa. Para mim isso foi a glória. Eu tinha uns 16 anos. Depois disso, não lembro de nenhum outro texto que tenha escrito e se tornado público. Recordo-me, porém, que me tornei um leitor voraz de textos literários que me caíam nas mãos.

Como foi a sua experiência, ao se deparar com narrativas e representações tão diferentes das do imaginário indígena, que são aquelas veiculadas pelo cânone literário? Houve conflitos de alguma espécie?

Eu sempre fui muito curioso, desde criança. Nada me surpreendia no mundo imaginário de minha infância. Isso foi fundamental para que não tivesse problemas com as leituras posteriores. Eu entendia que a literatura era um devaneio de gente morta. Autor para mim era um ser distante, habitante de outro mundo. Algumas vezes achava que eles não eram humanos. O que me deixava furioso era como eles conseguiam "amarrar" tantos personagens numa história comovente e verdadeira. As histórias indígenas são muito bem elaboradas também, mas normalmente têm poucos personagens e não têm dramas tão elaborados. Lembro que chegava a perguntar para meus pais e avós sobre isso e eles diziam: "O homem branco não sabe ser simples". Não entendia nada do que eles falavam naquela hora. Só entendi bem depois – o que me deixou bastante contente, pois era um pensamento muito coerente com a compreensão que tinham da vida.

A apropriação da escrita e da literatura, com todo o seu potencial transformador, pode aproximar diferentes etnias e funcionar como mediadora nos entrechoques de diferentes culturas? Como?

Tenho trabalhado na perspectiva de que a literatura é um caminho de aproximação entre os diferentes povos indígenas. Mesmo sabendo que há uma grande diversidade de saberes e culturas, sinto que a literatura pode funcionar como elemento aglutinador, além de ser um instrumento para "soltar a voz" que tem ficado entalada na garganta de nossa gente ancestral.

Nosso desafio é ajudar nossa gente a aprender a usar a escrita como porta-voz. Na medida em que isso for acontecendo, o que era apenas um murmúrio irá tornar-se um grito consciente e consistente.

De que forma os povos indígenas se apropriam da cultura escrita e como a utilizam em seu favor?

A escrita é uma técnica. A gente aprende a escrever. O que a gente tem é que fazer uma ligação entre o pensamento que domina a cultura e a escrita que congela este pensamento. Mas isso também é uma questão de tempo, de treino. Gosto de pensar que a gente indígena já tem a parte mais difícil introjetada no seu próprio ethos: o conteúdo a ser escrito. Temos trabalhado no sentido de ajudar nossos parentes indígenas a colocarem seus pensamentos no papel e dar a ele uma forma literária, acadêmica ou apenas como exercício de reflexão. Quando isso chega inteligível à sociedade brasileira, acreditamos que é nossa forma de contribuir para diminuir a exclusão social a que ainda estamos submetidos.

O que é literatura indígena e quais as abordagens narrativas que geralmente a caracterizam, se é que se trata disso?

Nós remamos contra a maré. Entendemos literatura indígena como o conjunto de manifestações culturais que são reproduzidas por nossa gente em seus rituais, desenhos, cantos, danças, rezas, etc. Fugimos um pouco da ideia de literatura como escrita. Queremos mostrar que este nosso jeito de comunicar é literário.

Se pensarmos que no mundo literário é preciso que haja iniciados nele para compreendê-lo, podemos imaginar que nossa forma de fazer literatura é um código que a sociedade não indígena precisa aprender para poder nos compreender. Nosso esforço em compreender a sociedade brasileira passa pelo domínio das novas tecnologias (a escrita entre elas). É justo que a sociedade letrada pense no movimento de nossos corpos como literatura. Claro que estamos tentando aprender direito e adentrando no universo da literatura ocidental seguindo os cânones estilosos que nos propõem, mas queremos criar um jeito todo próprio de nos comunicar a partir desses instrumentos não indígenas.

Tributários que somos como brasileiros, de uma forte tradição indígena, que é parte constitutiva de nós mesmos, quais os estereótipos que ainda persistem na nossa "representação do índio" e como podemos superá-los, reconhecendo essa tradição como nossa ancestralidade?

A ancestralidade não é para ser pensada como algo atrasado e parado no tempo. Este é um dos estereótipos que estão presentes na mente brasileira. O mesmo se pode dizer da tradição. Este conceito está ligado a sociedades paradas no tempo. Não tem falácia mais imprópria. Isso tem que ser combatido com novos conceitos e vivências. É preciso que as pessoas entendam que não há nada de errado em respeitar o passado. O errado é negá-lo. Acontece que muita gente "olha para trás" para ver o passado. Os povos indígenas não fazem isso. O passado se une ao agora, ao presente. Não há nenhuma possibilidade de um indígena chorar o passado, pois ele sabe que este tempo é memorial. Ele não é real. Portanto, o brasileiro é um indígena essencialmente. O indígena é brasileiro apenas por acidente geopolítico. Por isso não entendo um país que não valoriza seus antepassados sem precisar chorar por eles, uma vez que eles estão no seu sangue. Por que isso acontece? Porque nunca ninguém disso isso ao brasileiro. A ele foi ensinado que índio é bicho, atrasado, incompetente no uso da terra, preguiçoso, desumano. Isso é ainda hoje ensinado – se não pelas escolas, em casa – ao inconsciente nacional. A mídia tem muita responsabilidade sobre isso, até mais que a escola. Aliás, a escola é sempre a última a receber notícias atualizadas sobre os povos indígenas; há muitas dezenas de anos que ensina a mesma coisa porque acredita que o que está estabelecido é a verdade absoluta. O brasileiro precisa conhecer de verdade que o que ensinam para ele – sobre nossos povos e outros temas – é mentira.

Em entrevista recente, você afirmou: "Um adulto, se quiser ler meus livros, terá que fazer um exercício para ouvir suas vozes ancestrais. Isso as crianças fazem sem esforço". Por quê?

As crianças têm um canal aberto com sua ancestralidade. Elas são emotivas e conseguem chegar onde os adultos não chegam. Os adultos costumam ser bloqueados pelas vozes da escola, da economia ou da política. Isso os impede de "acordar" as memórias ancestrais que trazem em si. O adulto precisa se curvar a esta verdade, caso queira compreender a escrita indígena.

Se oferecermos, desde a primeira infância, a música dessa voz ancestral, teremos chance de formar adultos melhores, capazes de ouvir, respeitar e dialogar com essa voz?

Penso que crianças completas serão adultos completos. Ponto. Simples assim. A criança vem sem defeito de fábrica. Portanto, vem trazendo consigo todo o equipamento para viver bem. Acontece que ela cai num mundo que acha o contrário, pensa que ela vem sem nada e que precisa ser formada – colocada na forma – para ser "alguém" na vida. A solução do dilema é educar a criança para ser criança e nada mais. Qualquer outra tentativa de fazê-la ser o que ela não pode ser vai transformá-la em adulto frustrado.

Uma das frentes trabalhadas pelo Instituto Uka – Casa dos Saberes Ancestrais é a Caravana Mekukradjá, que visa difundir a literatura indígena. Entre as atividades oferecidas, há cursos e palestras para professores sobre como trabalhar a questão indígena em sala de aula. Em linhas gerais, quais as orientações repassadas aos docentes?

Procuramos mostrar aos educadores exatamente o que dissemos atrás: tá tudo errado na compreensão de nossos povos indígenas. A gente tem que desconstruir o paradigma que eles trazem dentro de si, fruto da educação familiar e escolar. Fruto da universidade que não o ajudou a colocar algo novo em sua mente. Dizemos aos educadores que é preciso tratar a criança como criança e não como um investimento futuro. Dizemos que é preciso que o educador saiba que tipo de ser humano ele acredita estar formando. Aí questionamos as suas crenças, seus dogmas. Às vezes temos êxito, outras não. Isso faz parte do processo.

O Concurso FNLIJ Curumim chega este ano à sua 10ª edição. O que há para comemorar e quais os desafios ainda encontrados?

Comemoramos muitas conquistas. Uma delas é termos chegado à 10ª edição com muitos bons resultados. Este concurso, assim como outras iniciativas que mantemos, tem valorizado o professor que trabalha a temática indígena em sala de aula utilizando a literatura como instrumento. Faz com que o educador procure conhecer a produção literária dos indígenas brasileiros; ele influencia seus alunos; ajuda-nos a "corromper" a cabeça das crianças e jovens para aquilo que consideramos um ganho futuro: teremos adultos mais conscientes de seu papel numa sociedade multicultural como a nossa. Ainda assim, temos desafios. Temos que fazer as escolas e os educadores conhecerem a lei 11.645/08, que tornou obrigatório o ensino de História e Cultura Africana e Afro-brasileira e História e Cultura Indígena nas escolas; temos que formar educadores para trabalharem a temática indígena de forma adequada; temos que organizar muitas caravanas para mostrar nossa produção literária. Daí a importância do Instituto Ecofuturo e do Instituto C&A, que são nossos parceiros nesta empreitada, porque, como nós, acreditam na possibilidade de formarmos seres humanos mais compatíveis com a realidade multifacetada que hoje temos.

Além da literatura, quais outros instrumentos e expressões estéticas podem contribuir para a abordagem aprofundada da questão indígena?

Dizia mais acima que todas as manifestações da cultura indígena se prestam para a compreensão de nossa diversidade. Neste sentido é importante pensar estas manifestações como parte da cultura e não separada dela. A cultura é um conjunto. É bobagem tentar extrair dela elementos distintos. Uma cultura tem que ser compreendida em sua totalidade e não apenas através de suas manifestações. Quem faz isso é o ocidental, que aprende a dividir os conhecimentos em quadrados guardados a sete chaves. A nova escola tem que pensar no conjunto. O novo ser humano tem que ter isso claro. Caso contrário, ele não será novo.

DANIEL MUNDURUKU E A EDUCAÇÃO

Entrevista por Vanessa Cancian,
publicada em www.namu.com.br em 13 de janeiro de 2015

Quais os maiores desafios que o Brasil enfrenta na área da educação?

Acredito que a primeira grande dificuldade é dar prioridade à educação. O governo terá de tomar providências para problemas como a desvalorização dos professores, a evasão escolar, a questão da alfabetização na idade certa. Outro desafio é acabar com o analfabetismo funcional. Também vejo a necessidade de se criar políticas que sejam mais regionalizadas e tratadas com mais autonomias pelos estados e municípios. Só assim é possível dar respostas locais. No caso da educação indígena, temos de formar indígenas não para serem não indígenas, mas para continuarem indígenas mesmo tendo formação escolar. A educação do Brasil como um todo não deve ser simplesmente técnica, seu principal objetivo deve ser produzir cabeças pensantes e profissionais qualificados intelectualmente para dar respostas criativas para os problemas brasileiros.

O que é a educação escolar indígena no Brasil hoje? Em que ela se difere da educação convencional?

Desde a constituição de 1988, as populações indígenas têm direito a uma educação diferenciada, que deve seguir os parâmetros das próprias comunidades. Os professores devem ser indígenas e ter formação superior. Além disso, é necessário materiais de acordo com essas populações, mas esse desenvolvimento está lento. Após quase 30 de promulgação da Constituição, não houve uma continuidade na política educacional para as populações indígenas. Houve um avanço significativo nessa área, mas isso ainda não responde às demandas. Na prática, os indígenas precisam entrar em contato com a educação formal sem abrir mão dos conhecimentos tradicionais.

Qual a importância de valorizar os saberes imateriais da cultura indígena na educação?

A cultura e os conhecimentos tradicionais indígenas são fundamentais para a identidade brasileira. Os cantos, os ritos de passagem, o jeito tradicional de transmissão de conhecimento devem ser mantidos nas comunidades e, ao mesmo tempo, precisam ser valorizados nas escolas convencionais para que as crianças entendam que há diferentes maneiras de ensinar e de educar. O padrão de escola que temos não é único, ele é apenas mais uma das formas de transmissão de conhecimento. Dar oportunidade para as crianças da cidade refletirem sobre os conhecimentos tradicionais indígenas vai criar nelas também um sentimento de pertencimento. A sociedade brasileira não é apenas uma sociedade ocidental, ela é o resultado do acúmulo de diversos povos, conhecimentos e tradições. Os saberes dos indígenas, dos africanos, dos ribeirinhos da Amazônia e de outros povos que vieram pra cá são importantes e devem ser ensinados nas escolas.

E como isso acontece na prática?

Efetivamente, com a Lei nº 11.645, que inclui no currículo oficial da rede de ensino brasileira a obrigatoriedade de história e cultura afro-brasileira e indígena. No geral, a lei é muito positiva, principalmente porque ajuda a criar uma visão positiva na cabeça das pessoas. Porém, há muitos educadores ainda sendo formados dentro da mentalidade que coloca os indígenas como seres inferiores. É preciso fugir desse modelo estereotipado. Mas vejo que as universidades e as prefeituras estão preocupadas em oferecer cursos de formação. Imagino que na perspectiva da presidenta Dilma, ela deve investir radicalmente na formação dos professores para lidar com a diferença e com a diversidade.

Como a educação pode se tornar uma ferramenta capaz de transformar a sociedade?

A educação é a melhor ferramenta, mas precisa se atualizar, assim como o mundo está se atualizando. Infelizmente a educação fica sempre correndo, a passos lentos, atrás da modernidade. É preciso criar uma forma de atualização mais rápida para que ela cumpra com seu papel. Por incrível que pareça, temos de voltar a aprender com o passado para que se pense nas pessoas como produtoras, capazes de transformar a sociedade e criar uma massa crítica. É o questionamento que gera mudanças. A escola deve ser esse instrumento. Ela é o espaço onde jovens e crianças aprendem a questionar a sociedade em que vivem e assim se tornam sujeitos capazes de transformá-la.

Como compreender a literatura indígena como uma ferramenta de quebra de padrões e preconceitos?

A literatura indígena surgiu no Brasil há cerca de 20 anos. Existia sempre a crença de que o indígena é um ser da oralidade, mas muitos indígenas começaram a frequentar a universidade. Aprenderam os elementos da cultura ocidental e fazem aquilo que a cultura tem que fazer, que é: se atualizar e assim criar respostas. Uma das respostas é a literatura. Os indígenas foram para o cinema, música, teatro, internet. A literatura não é só um instrumento de escrita, mas faz parte da essência. Adquirir essa técnica foi importante para que os indígenas fossem capazes de escrever a própria história. Fico feliz por ser um dos pioneiros nisso, ter passado pela universidade, feito mestrado, doutorado e, sobretudo, por poder ter usado todos os conhecimentos que acumulei na cidade aliados aos saberes que eu trazia do meu povo para poder criar o que é chamado de literatura indígena. Ela é uma maneira para educar a sociedade brasileira, ensina a olhar para os povos indígenas não com o olhar do colonizador, mas com o olhar das próprias comunidades. A maioria dos 47 livros que publiquei é para crianças e jovens, mas digo que é para todo mundo. Porque eu escrevo não exatamente para crianças e sim para a infância das pessoas e todo mundo tem e teve uma infância. Não que sejamos crianças o tempo todo, mas a nossa infância é sagrada.

Entrevista por Edmar Alves,
publicada em Livre Opinião, em 17 de maio de 2017

Fale um pouco sobre o Instituto UKA – Casa dos Saberes Ancestrais. Como surgiu? Quais atividades vocês realizam? Há dificuldades em se produzir literatura indígena no Brasil?

Uau. São muitas perguntas para serem respondidas de modo fácil, mas vamos lá. O Instituto Uka nasceu de um sonho antigo que era reunir numa instituição profissionais indígenas empenhados em pensar o Brasil e oferecer este pensamento em forma de conteúdo para a sociedade Brasileira. A partir de nosso empenho em difundir a lei 11.645/08 e qualificar os educadores para trabalharem a temática indígena em sala de aula, entendemos que uma instituição que apoiasse esse mesmo desejo faria com que nossas intenções saíssem do papel e ganhasse asas para se desprender e poder circular pelo país. Foi assim que o Uka, como carinhosamente o chamamos, foi ganhando forma e desenvolvendo suas atividades que passa pelo incentivo à leitura de livros de literatura, valorização da palavra falada através de eventos de contação de histórias, organização de encontros anuais de escritores e artistas indígenas, visitação às escolas para conversa direta com crianças e jovens, participações em eventos literários, entre outras tantas atividades.

A lei 11.645/08 abriu um leque de possibilidades muito grande incentivando o mercado literário a produzir livros cujo conteúdo tivesse relação direta com a temática indígena. Nesse contexto de demanda, foram surgindo cada vez mais escritores indígenas e a produção literária foi crescendo cada vez mais. Deve-se dizer que parte disso foi proporcionada pelas compras governamentais que passaram acontecer regularmente e isso acirrou ainda mais a produção de livros de autores indígenas. Sob este contexto não foi muito difícil publicar livros. No entanto, é preciso lembrar que escrever textos de qualidade literária não é nada fácil especialmente para os indígenas que sempre tiveram maior proximidade com a oralidade. Tudo foi feito a passos lentos até se constituir numa realidade presente hoje no país.

A literatura indígena se resume a literatura infantil? Qual a importância da literatura para os povos indígenas?

Por ter nascido no contexto do Salão FNLIJ do Livro para Crianças e Jovens, evento que acontece anualmente no Rio de Janeiro, o Encontro de Escritores e Artistas Indígenas foi sendo seduzido pela linguagem para crianças e jovens. Penso ainda que a intenção inicial foi comunicar-nos com os estudantes para combatermos os estereótipos. Foi, portanto, um caminho que apontou naturalmente para este segmento. No entanto, com o passar dos anos outros estilos literários foram sendo produzidos por autores indígenas. Há escritos para crianças, jovens, educadores, pesquisadores que seguem diferentes nichos literários e isso é muito positivo. Certamente muitos outros autores ainda irão surgir para preencher algumas lacunas que estão abertas. É preciso dar tempo ao tempo.

A literatura não tem uma importância fundamental para os povos indígenas. Aprendemos a ouvir histórias, mais do que escrevê-las ou lê-las. A vida dos povos indígenas é movida pela urgência do cotidiano e a leitura é um luxo desnecessário para povos que precisam se esforçar cotidianamente para sobreviver. Hoje em dia, no entanto, isso tem se modificado gradualmente porque muitos jovens já perceberam que se não adentrarem aos pórticos das universidades correm o sério risco de ficarem para trás e terem menos condições de reivindicarem o cumprimento de seus direitos pelo Estado brasileiro. Estudar, ler, se qualificar para o enfrentamento é fundamental para a sobrevivência dos povos indígenas. Ou seja, a demanda mudou de fluxo e isso obriga os povos a assumirem novos papéis dentro de uma sociedade em constante mudança. A literatura faz, portanto, parte do cotidiano dessas comunidades e é um instrumento importante na formação de uma consciência crítica capaz de criar alternativas de sobrevivência.

Como agitador cultural você está em contato com muitos escritores indígenas. Indique alguns autores e obras que você tem lido.

Tenho lido algumas obras de autores indígenas e não indígenas também, embora meu foco seja sempre priorizar leitura técnica que me ajude a compreender cada vez mais a dinâmica cultural que está sempre em movimento.

Atualmente estou lendo o novo livro de Kaká Wera, "A menina e o vento"; de Cristino Wapichana estou encantado com o premiado "A boca da noite"; Roni Wasiry escreveu o lindo "A árvore da vida". Um pouco mais profundo e gigante é o livro de Davi Kopenawa, "A queda do céu". No momento são estes.

Ao contrário do que dizem os livros de história, os povos indígenas do Brasil ainda existem e resistem. No mês de abril ocorreu o Acampamento Terra Livre, que reuniu mais de quatro mil indígenas de mais de 200 etnias. Conte-nos sobre essas mobilizações e sobre as reivindicações dos povos indígenas atualmente.

As pessoas esquecem que nossos povos são seus contemporâneos. Muita gente ainda pensa num "índio" do passado, preso ao século XVI e praticante de rituais macabros. Essa imagem que foi sendo reproduzida e chegou até nossos dias acaba nos afastando dos brasileiros. A escola foi a grande responsável por construir uma visão romântica em que o indígena é o personagem angelical, sem maldade, sem malícia. Por outro lado, a mídia comandada por apenas algumas famílias, manipula o pensamento nacional difundindo ideias que acabam prejudicando uma convivência pacífica, ordeira e profundamente rica entre os indígenas e os brasileiros.

O que precisa ficar muito claro é que os indígenas estão neste país para ficar. Nós somos contemporâneos, somos do século XXI. É preciso, portanto, acabar com essa ideia de que existe um "índio verdadeiro" em detrimento da realidade. Esse tal "verdadeiro" da imaginação das pessoas é uma enganação engendrada na mente do brasileiro. Só existe um indígena no

Brasil e este é o que se organiza, luta por seus direitos, reivindica melhores condições de vida, protesta parando rodovias que cortam seus territórios, ocupa fazendas cujos donos invadiram suas terras, vai para a universidade ocupar seu lugar, defende a natureza e seus santuários sagrados. É este indígena que resiste há 500 anos contra os valores da morte e da exclusão. O movimento indígena é o movimento social mais antigo e organizado do país. São 517 anos de resistência. É uma resistência pela Vida e pela Vida de todos os brasileiros porque são estas lutas que garantem a Amazônia em pé; rios menos poluídos; abundância de peixes e carnes; sobrevivência de muitas espécies de plantas, insetos e animais ou, como se costuma dizer, sobrevivência de nossa biodiversidade. Será que isso é pouco? Será que isso não seria motivo suficiente para que o Brasil se orgulhasse de seus filhos mais antigos? Tenho a impressão que sim. Lutamos para que isso ocorra.

Como o dossiê dessa edição é sobre o "Pensamento ameríndio e a estética contemporânea", pensei que a melhor pessoa para falar da relação entre arte brasileira e indígena – tanto de ocidentais fazendo arte a partir das referências indígenas quanto de uma maior visibilidade dos indígenas naquilo que costumamos chamar de arte brasileira – seria você, que já tem um destaque no campo da literatura e um amplo conhecimento dessa discussão. Pensei em começar pedindo para você contar um pouco da sua história e situar o leitor. Como começou a fazer literatura, como ela surgiu na sua vida?

Meu nome é Daniel, sou do povo Munduruku, um povo que está no estado do Pará, Amazonas e Mato Grosso. Nós somos uma população de aproximadamente 15 mil pessoas, tivemos contato com o Brasil há aproximadamente 300 anos. Dentro desse povo, eu nasci, cresci e, claro, enfrentei uma série de dificuldades. Uma dessas dificuldades teve a ver com o estudo, a escola. Eu sou do final dos anos 60, fui para a escola no início dos anos 70, portanto, uma escola que tinha como objetivo calar os povos indígenas, tirar-nos da condição que eles consideravam uma condição menor, de inferioridade, nos colocando na escola, nos obrigando a falar o português e nos oferecendo uma profissão. Naquela ocasião, o índio era considerado, como é ainda hoje, infelizmente, um ser preguiçoso, que em nada contribuía com a sociedade brasileira. Eu fui uma dessas crianças que foi obrigada a ir para a escola, recebendo essa enxurrada de informações e, é claro, os preconceitos e estereótipos que naquela ocasião, e ainda hoje – não posso deixar de repetir isso –, eram muito comuns: o índio atrasado, o índio pobre, largado à própria sorte, o índio em um processo civilizatório, um processo que o deixava em condição de inferioridade. A escola também foi um campo onde recebi essa carga de preconceito e bullying, uma carga de isolamento muito grande, isso me levou inclusive a uma negação da minha própria identidade e com isso a perda da cultura de uma certa maneira. Mas não tão forte, porque tive um avô que foi determinante no meu resgate de cultura. Um avô que não permitiu que eu debandasse para "o lado ruim da força".

"O lado branco da força"!

E isso foi importante para mim. Talvez tenha sido o passo fundamental para minhas escolhas que vieram depois. Fui para escola. Eram escolas muito próximas à aldeia, mas não dentro da aldeia. Não era a intenção, naquela ocasião, formar o indígena na sua própria comunidade. Ele era arrancado de lá e levado para os centros urbanos, e ali, obviamente, seria massacrado com um tipo de conteúdo e conhecimento que não era próprio dele. Ao mesmo tempo em que era proibido de falar a própria língua, proibido de praticar a sua própria cultura. Enfim, mas eu tive a oportunidade de ter esse avô que foi me ensinando algumas coisas e me preparando, creio eu, para esse caminho. Foi assim que eu decidi, depois que terminei meu ensino fundamental (naquela época o ginásio), que continuaria os estudos. Para isso entrei no seminário salesiano, um seminário religioso, com a intenção de seguir a carreira sacerdotal. Um lugar que fiquei durante cinco anos. Bons cinco anos, foi muito produtivo do ponto de vista intelectual, mas também de resgate da minha própria identidade. Foi no seminário, no segundo grau, no ensino médio, que eu tive a oportunidade de ter um contato maior com a literatura universal propriamente dita. Já nessa ocasião praticava um pouco a escrita, embora não tivesse a mínima pretensão e intenção de usar a escrita como instrumento de difusão e de divulgação de nada. Aliás, eu era apenas um jovem vivendo em um internato, junto com outros jovens, cujo objetivo era espiritual, místico e tudo mais. Minha dedicação era voltada para isso, tinha como intenção tornar-me um padre, achava que esse serviço seria adequado para mim, ainda que isso me tirasse um pouco da minha convivência e da minha realidade imediata de indígena, lá da aldeia, no interior do Pará. Depois deixei o seminário e me tornei professor. Eu tinha como intenção a transmissão dos saberes. Sempre usei e fui ensinado a usar a palavra, através da oralidade, da fala, para transmitir o conhecimento e o professor é aquele que tem a palavra como seu principal instrumento de transmissão de saberes.

Nesse momento já existia a possibilidade de um professor indígena dar aulas? Já existiam escolas indígenas?

Difícil, era muito difícil. Estou falando aqui dos anos de 1984, 1985... Até 1988, praticamente não haviam escolas indígenas em que professores indígenas atuavam. Só depois de 1988 é que o estado brasileiro vai admitir que os indígenas não estão aqui nesse país de passagem para uma vida civilizada. O ano de 1988 foi um momento de ruptura. Mas antes de entrar nisso, continuando a minha formação e a minha relação com a literatura, eu fui dar aulas em Manaus, me transferi para lá para fazer o ensino médio, concluí e comecei a graduação em Filosofia, porque era seminarista. Depois que deixei o seminário, continuei a minha formação e comecei a dar aulas em Manaus. No final da graduação descobri, para minha tristeza, que o diploma que tinha, por ser um diploma seminarístico, não tinha validade junto ao MEC. Então eu tinha que fazer uma escolha, essa escolha passava por ter que sair do Norte para fazer o que eles chamavam de reconhecimento de diploma. E vim para São Paulo nessa ocasião, isso em 1987.

Quantos anos você tinha?

Eu tinha 23 ou 24 anos quando vim morar no estado de São Paulo, na cidade de Lorena, para ser mais exato. É de onde eu falo com você hoje. Concluí o meu curso, fiz outras graduações, licenciatura em História e Psicologia, me mudei para a capital e consegui entrar na USP para fazer um mestrado em Antropologia. Mestrado que nunca concluí, na verdade, mas, alguns anos depois, eu retornaria à USP para fazer um mestrado em Educação. Graças ao trabalho todo que eu tinha feito antes no mestrado de Antropologia, minha banca sugeriu que eu fosse direto para um doutorado, que concluí em 2010. Isso me deu novas possibilidades de trabalho. Mas a minha inserção na literatura começou um pouco antes disso. Na verdade, lancei meu primeiro livro em 1996, ainda estava em plena pesquisa de mestrado, e essa pesquisa me levou de volta para minha aldeia, minha comunidade. Foi interessante esse vetor, para mim, porque tive a oportunidade, depois de alguns anos afastado, de retomar e repensar algumas questões, de fazer, de certa maneira, um retorno a minha comunidade, meu povo e tudo mais. Quando retornei da minha pesquisa, voltei a dar aulas em escola pública e passei a contar histórias para as crianças. Foi nesse processo de contar histórias que a literatura entrou na minha vida, porque eu descobri que as histórias que contava ainda não tinham sido escritas. Eram histórias que eu havia ouvido quando era criança, histórias que moravam dentro de mim, e eu as contava de maneira oral para as crianças. Um dia em que conversava com as crianças, uma me fez uma pergunta que eu não soube responder: "onde encontro essas histórias para ler?". Aquilo foi como uma luz, "caiu a ficha" como se dizia antigamente, hoje se diz "caiu o sistema". Fiz uma pesquisa e realmente percebi que as histórias que contava não tinham sido escritas, me coloquei como tarefa escrevê-las. É claro que eu não sabia que eu sabia escrever, eu não tinha a mínima noção do que era uma escrita literária. Isso também me ajudou a buscar, a procurar novas possibilidades de escrita e lancei, então, meu primeiro livro em 1996. Achei que ia parar por aí, que nunca mais escreveria nada, que era o bastante, mas depois foram nascendo outros livros. Antes disso eu já estava militando no movimento indígena, é claro, mas a minha entrada no mundo da literatura foi como uma porta que se abriu porque, como educador, eu sempre procurei fazer algo que pudesse ultrapassar, que fizesse um diferencial na nossa luta política, na reivindição, na busca pela demarcação, na questão da saúde. Por isso, em um primeiro momento, já no início dos anos 2000, ajudei a criar o INBRAPI (Instituto Indígena Brasileiro para Propriedade Intelectual), um tema absolutamente novo, diferente. Eu me juntei com alguns advogados indígenas que já estavam estudando o tema e a gente criou essa instituição. E eu, claro, como educador, pensei em ajudar criando algum material informativo que ajudasse as pessoas a entender um pouco essa nossa sociedade. Durante muitos anos fiquei à frente do INBRAPI, uma instituição muito importante para a causa indígena porque começou a falar uma língua que o branco domina e quase nunca o indígena domina. Essa coisa da propriedade mesmo, da luta por direitos autorais, dos conhecimentos tradicionais, da biodiversidade, biopirataria, biocoisas que existem... E aí começamos a visitar aldeias, dar cursos, fazer oficinas. Um trabalho importantíssimo para nós e, claro, para o movimento indígena. Saí do INBRAPI e comecei a militar mais dentro da literatura (mesmo dentro do INBRAPI já fazia isso), criei outra ONG, o Instituto UKA, que é o instituto que dirijo hoje, cujo objetivo é basicamente a promoção da literatura e dos saberes indígenas através da literatura, através de cursos para professores, através das redes sociais, enfim, o objetivo é criar um jeito de dialogar com a sociedade brasileira. Há 13 anos, nós criamos o Encontro de Escritores e Artistas Indígenas, que acontece uma vez por ano, no contexto do Salão do Livro para

Crianças e Jovens, no Rio de Janeiro. Esse ano vai ser o 14º encontro. Hoje já são mais ou menos 35 autores indígenas. Muitos desses autores têm uma produção regular literária, outros têm pouca produção, mas são considerados igualmente escritores e autores indígenas. E alguns artistas que estão atuando mais como ilustradores, nas artes plásticas, músicos, etc...

Como seu trabalho literário tem colaborado na luta indígena?

Basicamente, hoje, a minha atuação no movimento indígena se dá por intermédio da literatura. Com qual objetivo? Eu gosto de pensar que estou ajudando o Brasil a desentortar seu pensamento. Gosto de pensar que estou ajudando o Brasil a olhar para os povos indígenas sem o crivo dos estereótipos, sem a venda da ignorância, porque isso ajudaria todos nós a termos uma ideia mais objetiva do nosso processo histórico, colocando os povos indígenas nos lugares onde eles escolhem, ou seja, como seres humanos, portanto, cheios de problemas, de dificuldades, com tentativas de responder às angústias da existência, com a possibilidade de serem pessoas violentas, ciumentas, raivosas, como todo ser humano. Mas isso não tira das populações indígenas o direito de viver do jeito que gostariam, e não como as outras pessoas gostariam que vivessem. Tenho dito, em função disso, que o meu trabalho consiste em arrancar da cabeça das pessoas essa palavra, um tanto maldita, no sentido do mau-dizer, que é a palavra índio, que carrega consigo todos os estereótipos e todos os preconceitos possíveis e imagináveis. Tem sido basicamente a minha luta, minha jornada, de fazer com que as pessoas não nos chamem por esse apelido, mas por nossos nomes, pelo que somos de fato e não pelo que elas acham que nós somos. Quando alguém me chama de índio, ele está dizendo o que acha de mim e esse achar de mim pode ter duas visões: uma visão romântica, de que somos representantes do início da humanidade, que estamos presos ao passado e que é muito bonito ser índio, muito legal, muito romântico, muito maravilhoso, muito saudável. Esse é um lado romântico de encarar as coisas. Por outro lado, tem o olhar que vê o índio como preguiçoso, como selvagem, que atrapalha o progresso e o desenvolvimento, que pensa que o índio tem muita terra e não sabe o que fazer com ela, que o índio sequestra, ataca, enfim. Esse é um lado um pouco mais cruel. E essas duas visões estão dentro do brasileiro. Quando percebe que eu tenho o fenótipo indígena, que eu tenho cara de índio, cabelo de índio, olhinhos puxados de índio, ele imediatamente olha para mim e diz: "ele é um índio", mas quando ele ouve que tenho uma formação, às vezes muito maior que a dele, ele imediatamente diz: "mas Daniel não é mais índio de verdade, agora ele já é um dos nossos, já é um civilizado". E isso demonstra justamente o grau de desconhecimento, de ignorância mesmo, no sentido filosófico da palavra, que as pessoas trazem consigo ao achar que a cultura é algo parado no tempo, que a cultura está congelada, que alguém só pode ser quem é se defender uma ancestralidade, se viver de acordo com esses ancestrais do século XVI. E as pessoas esquecem que nós somos seres contemporâneos, eu sou contemporâneo, sou seu contemporâneo. Portanto, estou usando aqui um equipamento da contemporaneidade [Skype]. No que isso vai me diminuir a experiência de ser quem eu sou? É claro que as pessoas imediatamente acham que ser índio, ou pelo menos do jeito que elas entendem, significa usar arco e fecha, sinal de fumaça, fumar o cachimbo da paz e ficar na floresta andando de canoa e etc.. Elas não se dão conta que, em pleno século XXI, nós temos que ser pessoas do século XXI. Não podemos ser pessoas do século XVI. Salvaguardar a nossa ancestralidade não significa abrir mão da nossa contemporaneidade. É uma forma de atualização, até, desse próprio conhecimento, dessa própria aventura de ser humano que o meu povo tem, que meu povo desenvolveu. E isso me permite inclusive ser um brasileiro melhor. Enquanto experiência de humanidade mesmo. Falando dessa coisa de ser brasileiro, eu costumo dizer que as pessoas às vezes falam: "mas, então, o indígena não é um brasileiro?". É um brasileiro, sim. Eu costumo dizer que sou um brasileiro nascido Munduruku. E enquanto brasileiro eu preciso ter garantias que eu posso ser Munduruku vivendo nesse território que não é de ninguém em particular, embora tenham alguns que achem que são donos disso, mas que é a casa comum de todos nós.

Você diria, então, que essas duas maneiras de ver o índio, tanto a romântica quanto a exotizada, que reduzem todas as diferenças a um ideal, acaba sendo perigosa para a própria sobrevivência dos povos indígenas?

É isso que eu estou falando. Essas duas vertentes, não dizem quem nós somos, elas dizem o que as pessoas acham que nós somos, o que as pessoas querem que a gente seja, mas não somos nem uma coisa nem outra. A palavra índio é redutora. Quando a gente combate essa imagem do índio, combate essa imagem tanto do índio romântico, que é um índio que não existe, um índio imaginário, quanto essa imagem violenta, que está muito presente na sociedade, que diz que a gente está vivendo uma vida mansa no meio da floresta, com as benesses do governo, como se ser índio fosse um privilégio porque o governo banca a gente. Isso é pura estupidez!

Sim, e nos conflitos de terra é sempre essa desculpa: "ah, mas eles nem são mais índios". No filme "Martírio", do Vincent Carelli, por exemplo, a gente vê que, para justificar o massacre, os ruralistas dizem que os Guarani-Kaiowá são paraguaios.

É um grande conflito que se impõe hoje em dia. Essa coisa das pessoas se darem o direito de dizer quem nós somos. Nós somos selvagens ou somos índios paraguaios? Nós somos um arremedo que foi criado, às vezes, pela FUNAI, trazidos para outros lugares, colocados ali e depois usados como massa de manobra. Isso é realmente parte de uma estratégia discursiva, usada pelo "lado branco da força", que acaba detonando a gente.

E como é que as tecnologias do "lado branco da força" colaboram na luta indígena, como ajudam com a resistência indígena, com a sobrevivência da cultura indígena? A gente falou da literatura, no sentido de mercado editorial, digamos, porque, claro, literatura vocês sempre tiveram, mas penso também no audiovisual, na informática...

Eu digo sempre o seguinte: a cultura é como um grande software que precisa estar atualizado para poder ser útil. Para a gente continuar usando um aparelho como este que nós estamos falando, ele tem que estar o tempo todo atualizado, se não ele não vai funcionar adequadamente, não vamos poder efetivamente usá-lo. A cultura é esse software que os povos vão atualizando permanentemente para poder dar uma sobrevida a sua própria existência. Então, se eu, um Munduruku do século XXI não atualizar a cultura Munduruku, vou estar cometendo um deslize, talvez até um crime contra aquilo que eu aprendi enquanto ser cultural. Eu preciso atualizar e atualizar significa fazer uso dos equipamentos que o tempo em que eu vivo me permite. Se antigamente era a máquina de escrever, se anterior a isso foi o lápis e a caneta, se anterior a isso foi o arco e a flecha, tudo isso são atualizações que o povo vai fazendo, que a cultura vai fazendo, para estabelecer uma possibilidade de viver um pouco melhor. Então, quando eu vejo meus parentes indígenas utilizando todos esses mecanismos dos dias atuais para poder fazer um enfrentamento à sociedade brasileira, usando o próprio instrumento que a sociedade brasileira ou a sociedade ocidental cria, eu simplesmente acho que estamos cumprindo uma tarefa fundamental que é a de atualizar a nossa luta. Porque assim fizeram os nossos antepassados quando resistiram às invasões. Não seria justo com esses antepassados se não fizéssemos isso hoje, pensando que somos a possibilidade das nossas crianças e dos nossos jovens terem também uma vida digna, futuramente. Tenho muitos parentes indígenas usando de uma maneira maravilhosa todos esses equipamentos, ou seja, através do vídeo (claro que esses vídeos não vão passar no Jornal Nacional), da fotografia, das artes plásticas, da música, da literatura, do cinema, tudo isso está sendo usado devidamente por esses artistas indígenas, por essas pessoas que descobrem na arte uma maneira de resistir, de denunciar. Então tem um filme como o do Carelli, obviamente feito por uma pessoa que não é indígena, mas que faz parte dessa nossa luta, mas tem também os filmes que são feitos pelos próprios indígenas, que ganham prêmios internacionais e que têm toda uma atuação dentro desse mundão. Eles permitem que as pessoas olhem o mundo a partir dos nossos olhos. Acho que esse protagonismo indígena é fundamental porque mostra para a sociedade um olhar que é verdadeiramente nosso. Sem desmerecer, obviamente, todos aqueles parceiros, aquelas pessoas que se dedicam à causa indígena e que tem um amor muito grande por essa causa, e que são, na verdade, os nossos professores, são as pessoas que nos ensinaram a manipular esses instrumentos, são pessoas que nos ajudam a olhar para esse mundo e dar uma resposta a partir daquilo que esse mundo nos oferece, que são as tecnologias. Eu não vejo nenhum problema em usar a tecnologia, não vejo nenhum problema de buscar recursos para a aquisição dessa tecnologia, não vejo nenhum problema da gente se comunicar com a sociedade brasileira usando essa tecnologia. A escrita, mesmo, que o ocidental já conhecia há milênios, para nós o domínio da escrita como instrumento é uma coisa recente. Nós não escrevíamos como o ocidente escreve, mas nós aprendemos. Então, para nós, é uma tecnologia nova que age ao mesmo tempo que as tecnologias imagéticas, as tecnologias artísticas.

A narrativa sempre fez parte da cultura indígena de diversos povos, você mesmo contou como seu avô te preparou através de histórias, de narrativas. Eu gostaria de saber o que disso aparece na sua literatura. O que da ontologia, da temporalidade, da perspectiva de mundo Munduruku permanece ou transparece na sua literatura?

Eu acho que permanece tudo e transparece muito. Eu tenho um forte apego às narrativas ancestrais. E eu procuro - na verdade, talvez essa tenha sido a razão do sucesso dos meus livros - trazer uma linguagem para a literatura infantil e juvenil que é muito próxima da narrativa oral, próxima à oralidade. Os meus escritos são falados, praticamente. As pessoas conseguem me escutar quando leem meus livros. Elas não apenas me leem, mas me escutam também. É claro que a temática vai nessa mesma corrente, porque, embora tenha escolhido o público infantil e juvenil para conversar sobre a cultura indígena, eu, na verdade, escrevo para todo mundo. Eu escrevo para as infâncias que moram nas pessoas. Então acho que os temas que eu escrevo são todos temas universais, embora utilizando uma linguagem que a criança entenda e os adultos, na sua infância, também possam entender. É assim que trabalho a questão do tempo, a questão da territorialidade, questões ligadas a nossas demandas, questões que têm a ver com educação, com saúde. Eu procuro falar com as pessoas numa linguagem fácil, sem perder essa ideia de que eu estou em uma grande roda de conversa, conversando com elas. Quando quero lembrar as pessoas da questão do tempo, eu falo do tempo circular da aldeia e do tempo quadrado da cidade. Mas como uma criança entende o tempo quadrado da cidade? Só se eu disser que o tempo quadrado é o tempo do relógio, se eu disser que o tempo quadrado é o tempo do prédio. O prédio é feito de caixas de fósforos uma em cima da outra, divididas em pequenas caixinhas. As pessoas têm caixinhas para tomar banho, caixinhas para fazer cocô, caixinhas para dormir, ouvem música que sai de dentro de caixinhas, veem imagens que saem de uma caixinha que brilha, andam com caixas que rodam. Então, quando eu uso essa linguagem, a criança vai compreendendo muito bem o que eu quero lhe dizer, quando eu explico que meu cabelo é cortado de uma forma redonda, que o céu é redondo, que a nossa dança é circular, que as nossas histórias e o nosso pensamento é cíclico. Vamos usando a imagem do círculo para dizer que o nosso mundo é organizado de um jeito e o mundo ocidental é organizado de outro jeito. E esses dois mundos se chocam o tempo inteiro, porque um não cabe no outro. O que a gente tem que fazer? Aquele que pensa um pouco quadrado tem que cortar umas pontas desse quadrado para que nosso pensar possa adentrar, e ao mesmo tempo a gente tem que pensar, ou tentar pensar, de acordo com esse olhar, para a gente poder conviver minimamente que seja. Estou usando a oralidade, usando imagens que permitam que as pessoas entendam o que eu quero falar sem precisar ser violento ou dizer que a gente tem que brigar, que a gente tem que lutar, que a gente tem que se agredir, sem fazer o discurso da vingança. Um discurso que seja forte, mas que tenha um alcance imagético e um alcance simbólico que mexa com o espírito e o coração das pessoas.

Eu percebo que, no Brasil atual, existe um binarismo muito grande em relação à questão indígena: por um lado, a gente tem um contexto político assustador, com um Congresso cada vez mais preconceituoso, onde os ruralistas ganham cada dia mais poder; por outro lado, me parece que há um interesse, como nunca, da arte brasileira, mas também da educação, da filosofia, da antropologia, do mundo acadêmico, de maneira geral, em relação à cultura dos povos indígenas. O que, eu imagino, tem a ver com um fortalecimento do movimento indígena nas últimas décadas, que, no entanto, nunca foi devidamente atendido. Como você vê esse binarismo?

Então, desde 1988, quando o Estado brasileiro disse, pela primeira vez, que os indígenas estão aqui para ficar, essas políticas foram mudando. Você tem razão quando diz que a gente nunca foi atendido devidamente. As políticas públicas que foram sendo colocadas em efeito pelos vários governos não atenderam de fato as reivindicações que os indígenas sempre buscaram, elas nunca cumpriram inclusive a própria meta que o Estado brasileiro colocou, que tinha a ver com as demarcações de todas as áreas indígenas em determinado tempo. Isso nunca aconteceu exatamente porque tem alguns interesses que nunca deixaram a coisa evoluir do jeito que deveria. As políticas que foram sendo desenvolvidas abriram espaço para que os indígenas pudessem se posicionar dentro da sociedade, mas não o suficiente para que os indígenas se sentissem de fato contemplados por elas. Eu penso que depois dos anos noventa, depois da constituição, a educação teve uma evolução bastante grande, porque é, digamos, um tema secundário e teve uma evolução bastante significativa. A constituição garante que os indígenas tenham uma educação diferenciada, uma educação que contemple os seus próprios saberes, seus próprios conhecimentos. E isso efetivamente foi sendo acrescido nas discussões sobre a criação de escolas dentro das aldeias, criando não apenas o ensino fundamental, mas também o ensino médio nas aldeias, criando cursos de interculturalidade, para que indígenas se tornassem professores - hoje é quase uma exigência absoluta que professores sejam indígenas dentro de um território indígena -, criando planos políticos pedagógicos dentro das próprias escolas. Isso evoluiu bastante, porque, como falei, é um tema secundário, como é o tema da saúde que também teve uma evolução, mas que está retrocedendo hoje, é verdade. De 1990 em diante, houve um avanço nesses temas secundários. Algo que não avançou, e que talvez seja a grande falha de tudo isso, foi a questão das demarcações de terras indígenas. Nenhum governo conseguiu resolver isso desde a abertura democrática. As demarcações continuam sendo um entrave dentro dessas políticas de governo porque batem frontalmente com interesses de grupos econômicos que têm, obviamente, interesses nas terras indígenas. Nos governos do Lula e da Dilma, havia uma esperança de que esses problemas fossem resolvidos e não foram. Nós sabemos muito bem o porquê, agora mais do que nunca, exatamente porque os interesses dos ruralistas não permitiram que isso acontecesse. Hoje está muito mais claro que há um interesse muito grande do agronegócio, um interesse muito grande na mineração, um interesse muito grande na exploração madeireira, enfim, continua um interesse estupendo desses setores da sociedade em terras indígenas. Obviamente, os governos que eram democráticos, como o do Lula e da Dilma, não conseguiram vencer essas forças, até se juntaram a eles - o que é terrível! -, e hoje, com esse governo golpista que a gente tem, a coisa tende a piorar, porque ele já começa a dar passos para retroceder todas as conquistas que as populações indígenas conseguiram ao longo do tempo. Entre elas, a própria demarcação que deve passar para a Câmara dos Deputados, ao invés de ser uma prerrogativa do Executivo, essa tal da PEC 215. Aquilo que é prerrogativa do Executivo passaria a ser uma prerrogativa do Legislativo e, isso, obviamente, é um perigo extremo, é algo que não se pode permitir que aconteça, porque aí, sim, será a derrota total dos povos indígenas, porque só a educação e só a saúde, ou os outros temas secundários, não resolvem a questão da sobrevivência. A sobrevivência física e cultural passa pela demarcação dos territórios indígenas e sem eles é inconcebível que essa população sobreviva.

É perceptível como essa perda da terra está ligada à miserabilidade e à pobreza. Me parece que o plano do poder é sempre esse, não só abrasileirar, mas tirar a terra e transformar em brasileiro pobre.

Sem dúvida. É exatamente isso que querem. Porque esse é o ciclo vicioso desse nosso sistema. Ele precisa de terra, precisa de mão de obra e precisa de pobreza para poder continuar com o seu domínio sobre as pessoas.

Por outro lado, acho que também há uma luta mais forte, não? Dos anos 70 para cá, a gente vê uma reação indígena e, ao mesmo tempo, um interesse, pelo menos da arte e da academia brasileiras, em relação à cultura indígena. Você sente isso? Você acha que a diversidade linguística e cultural ameríndia vem sendo mais pensada por artistas, filósofos, acadêmicos, pesquisadores, de maneira geral?

Eu acho que sim. Eu acho que existe também, claro, um oportunismo da própria academia. Aí vira, por exemplo, um objeto de estudo. Pensando na própria literatura, tem aumentado muito a procura por cursos, pós-graduações e doutorados sobre a temática da literatura indígena. Eu recebo todo mês uma "pancada" de gente que quer que eu responda milhões de questionários, porque estão pesquisando sobre literatura indígena e ficam chateados quando digo que não tenho tempo para responder a tantas questões que me mandam. Ao mesmo tempo, dá um orgulho, é uma coisa bacana ver que o trabalho que estamos fazendo está tendo alguma repercussão. Por outro lado, eu sei, como acadêmico que fui, que existe um oportunismo que é latente na universidade quando ela percebe que ali tem um objeto novo de pesquisa e que pode utilizar aquilo para avalizar o que está acontecendo no momento com esse tema, etc. e tal. Enfim, tem aumentado, sim, a procura, mas também porque tem aumentado os indígenas que produzem esse conhecimento. Tanto na produção audiovisual, no cinema, na televisão, na literatura, nas artes, enfim, tem aumentado a participação dos indígenas nesses meios de informação. E isso é muito legal, é muito bom que esteja acontecendo. Essa coisa do indígena ir para a universidade, hoje são mais de cinco mil universitários indígenas, já temos mais de 40 mestres indígenas, cerca de 20 doutores e alguns pós-doutores, alguns atuando na universidade, outros atuando em várias instituições. O número ainda é pequeno, mas pensando em relação aos últimos 10 ou 15 anos cresceu muito, e certamente ainda vai aumentar a inserção do indígena qualificado, formado, preparado dentro da sociedade brasileira. A universidade tem aumentado a sua observação desses fenômenos todos, muitos artistas, de fato, têm usado a temática indígena como mote de suas criações, muitos literatos têm pensado questões indígenas em seus livros - alguns livros são uma porcaria, é verdade, porque ainda reproduzem o estereótipo, mas por outro lado têm livros muito bons saindo a partir de uma releitura que as pessoas estão fazendo da temática indígena.

Foi ótimo conversar com você, Daniel! Muito obrigada por ter conseguido esse tempo pra conversar com a gente em meio a tantos compromissos.

COSMO-VISÕES

Meu povo munduruku vê a morte como um processo natural e necessário. Em seu mito de origem conta que nossos ancestrais viviam no mundo do centro da terra onde só havia fartura e bonança e os caçadores não precisavam se esforçar muito para conseguir os alimentos para o dia-a-dia.

Havia um caçador, no entanto, que era muito esforçado e andando a esmo notou que havia um tatu maior do que o normal e passou a persegui-lo. O animal ao se ver perseguido fugiu cavando um buraco na abóboda celeste. O caçador foi atrás e entrando pelo buraco deparou-se com um mundo bem diferente do que estava acostumado. Ficou assustado e voltou para junto dos seus a fim de contar-lhes o que havia descoberto. Todos o ouviram com atenção e decidiram ir conhecer o mundo de cima. Teceram, então, uma rede bastante comprida e um exímio arqueiro lançou uma certeira flechada que fincou numa árvore.

Todos passaram a subir pela corda com cuidado. E muitos já haviam partido, mas quando os mais fortes, belos e competentes também iriam subir um abalo de terra fez a corda romper-se deixando-os para trás. Os que haviam subido estavam tão fascinados com o novo mundo que nem se deram conta que o abalo havia fechado a entrada e que eles não poderiam mais retornar. Quando perceberam isso já era tarde demais, pois haviam caminhado por algum tempo e já não sabiam mais o caminho de volta. Ficaram procurando, mas desistiram e resolveram organizar sua vida por ali mesmo.

Para nossos velhos, nosso povo ainda continua a procurar a entrada daquele lugar paradisíaco. No mundo de cima tinham que trabalhar para poder sobreviver. Então criaram os cantos para que jamais esquecessem de onde vieram e inventaram rituais para poderem se sentir participantes daquele mundo. E foi aí que a morte foi inventada, pois as pessoas passaram a envelhecer por causa de seu desejo de retornar ao mundo subterrâneo. Assim, para nosso povo, morrer é o momento de encontrar-nos com os ancestrais imortais que vivem na nascente do rio Tapajós.

Acontece que para sermos merecedores de conviver com nossos avós ancestrais temos que procurar viver nossa existência com dignidade, comunitariamente, com respeito a todas as formas de vida que compartilham conosco o mistério da existência.

Quando alguém morria nos tempos antigos era enterrado dentro de casa. Era colocado numa cova e com ele eram colocados objetos que precisaria na sua viagem para o mundo ancestral. Essa "viagem" dura trinta dias no tempo dos vivos. Durante esse período os familiares mais próximos choram a memória do morto. É um choro ritual. Choram porque acredita-se que o choro ajudará o parente a fazer uma boa viagem. E enquanto as pessoas choram, vão lembrando passagens da vida do falecido (especialmente se for um velho). Depois de passado os dias do luto ritual os parentes se reúnem para fazer uma comemoração pela boa viagem e para "esquecer" o falecido. Todos sabem que ele está no mundo dos ancestrais. Será mais um a olhar por eles e não precisa ser lembrado nunca mais.

Tem outro detalhe oriundo dessa compreensão da morte: nossa gente não tem culto aos mortos, não tem cemitério. Cada lugar é considerado sagrado porque os mortos estão enterrados em diferentes lugares transformando todo o território num grande campo santo.

Morrer é, portanto, uma forma de unir-se à natureza e devolver o corpo que tão gentilmente ela cuidou. É também a certeza de estar voltando para o convívio com os avós ancestrais que nos esperam no mundo de baixo.

O ATO INDÍGENA DE EDUCAR(SE)

Encontro na 32º Bienal de São Paulo,
em 5 de julho de 2016

É possível viver algo criativamente no agora? Toda a educação desses povos, dessa população e cultura é baseada nessa visão, não é? Nessa compreensão de um pertencimento a um tempo que se chama hoje. E é sobre isso que eu queria conversar com vocês. Antes de mais nada, gostaria de me apresentar, porque normalmente, quando olham para mim, é comum as pessoas me identificarem com um...

Índio!

Como?

Índio!

Com um cara bonito. [risadas] Sim, e depois com um índio também, é verdade. E isso vem com uma imagem que foi sendo construída ao longo desses 500 anos e que gerou na cabeça das pessoas uma visão estereotipada. Dizem que o Daniel parece com um índio: ele tem cara de índio, cabelo de índio, maçãs do rosto de índio, olhinho puxado de índio, e claro, corpo esbelto de índio também [risadas do público], portanto, isso o torna um... índio. E as pessoas insistem em me chamar dessa maneira. Pois bem, apesar de toda essa aparência, de tudo isso que me caracteriza como índio, queria dizer para vocês que eu não sou índio. E mais: não existem índios no Brasil. Tudo isso é uma bobagem. Se estiverem chocados, façam: "Oooooooh". [risadas] Vamos começar, para vocês aprenderem como é se faz. Então, queria dizer que apesar da minha cara de índio, meu cabelo liso de índio, meu olho puxado de índio, as maçãs do rosto de índio e esse corpo esbelto de índio, eu não sou índio.

Ooooooh!!

E eu diria mais a vocês: não existem índios no Brasil.

Ooooooh!!

Muito bem, vocês aprenderam rápido. [risadas no público] Brincadeiras à parte, quando eu faço essa afirmação, as pessoas realmente ficam impactadas, porque já está muito registrado na cabeça delas que, por causa da minha aparência, eu sou um índio. Mas não é assim que eu me vejo. E não é assim que eu vejo as populações ancestrais do Brasil. O que vocês estão vendo, na verdade, é uma imagem que foi sendo produzida ao longo do tempo. Resolveram nos batizar, ou melhor, nos apelidar, por essa palavrinha, que é maldita. Não só maldita no sentido da maldição, mas também no sentido do dizer mal. É uma palavra que manifesta uma determinada postura das pessoas com relação à minha pessoa. Por isso eu digo que é um apelido que nos colocaram. Não sabiam como nos chamar e disseram que nós éramos os tais dos índios, porque erraram o caminho para chegar às Índias – essa conversa que todo mundo já conhece e que acabou determinando que os habitantes dessas terras se chamariam índios. Correto? E além de ser uma história mal contada, a palavra índio não significa absolutamente nada. Se vocês tiverem curiosidade de olhar num dicionário depois, vão descobrir que a primeira entrada do Aurélio, por exemplo, diz o seguinte: "É o elemento químico nº 49 da tabela periódica". Fiquei tão feliz quando soube disso... [risadas no público] Porque já era conhecido como preguiçoso, selvagem, canibal, atrasado... E agora, um elemento químico? Me senti orgulhoso, imagina. E essa palavra descrita dessa maneira me suscitou outra questão: "índio" não é radical de "indígena". Não sei se vocês sabiam, mas é só uma mera coincidência chamar alguém de índio ou indígena. A palavra "índio" não tem significado específico em nenhum dicionário. Quando muito a definição afirma assim: "Relativo aos primeiros povos". Ela também não diz quem nós somos. Mas, com o passar do tempo, foi revelando o que as pessoas pensavam a nosso respeito. Esse termo é um apelido. E vocês sabem que não existem apelidos positivos. Todo apelido é uma negação. E "apelido" é uma palavra que nega aquilo que uma pessoa, um grupo ou uma coisa é. Então, ao colocarmos um apelido em alguém, afirmamos o que a gente acha do outro. E normalmente a gente acha que o outro é uma coisa ruim. Seja pela condição social, seja pela cor da pele, pela opção sexual ou pelo que for. Sempre vamos jogar no outro a visão que temos dele. As crianças, com quem eu converso muito, são ótimas em colocar apelidos e vocês sabem disso. Os apelidos delas são muito certeiros porque elas sabem machucar. E o apelido serve para isso, para machucar. Eu diria que, ao reforçar a palavra "índio" nas pessoas, estamos nos reportando também àquilo que pensamos desses grupos humanos a quem chamamos de índios. Quando ouvimos "índio", normalmente temos duas posturas. A primeira postura é romântica, aquela ideia do bom selvagem de José de Alencar e companhia limitada: "Ah, o índio é bacaninha, vive lá no meio da floresta, é o nosso passado, gente boa, gente de bem, olha lá, não tem ganância, vive uma vida social muito tranquila, nem bebe Coca-Cola...". Esse é o sonho de consumo de todo mundo, não é? Não a Coca-Cola, mas ser índio. E a escola reforça ou reforçou durante muito tempo essa visão, foi ela quem difundiu esse olhar romântico. Não à toa, a escola celebra com grande alegria o dia 19 de abril, que é o dia do...

Índio.

Sim, é o dia do índio. Mas a pergunta que não quer calar é: que índio é esse? Qual é o índio que a gente celebra no dia 19 de abril? É o índio do nosso imaginário. Não é um índio real. Esse índio, que foi sendo tramado dentro da nossa formação, não existe. E aí entra a minha afirmação: eu não sou e não existo. Porque esse índio é um ser que foi sendo plantado na nossa história, e nós fomos sendo obrigados a tratá-lo como ser folclórico. Não olhamos para o indígena como um ser humano. Olhamos a partir desse olhar romantizado ou – e essa é a segunda postura – olhamos pelos olhos da ideologia que mora dentro da gente, quer queiramos ou não. Provavelmente, a maioria de vocês já ouviu a afirmativa de que índio é preguiçoso, certo? "Índio atrapalha o progresso, o desenvolvimento". "Índio tem muita terra, pra que tanta terra pra esses índios?". "Os índios são todos fajutos, não contribuem para o Brasil crescer". Certamente vocês já ouviram algumas dessas coisas, que, aliás, estão na mídia direto, não é? Esse é o outro olhar, que também mora dentro da gente. Inclusive quando dizemos assim: "Ah, eu também sou índio, minha vó foi pega, ela era bugre legítima". Já ouviram essa expressão? Isso mora dentro da gente, inclusive como justificativa, para pertencermos a essa ancestralidade. E esse é um pertencimento violento, inclusive. Quando as pessoas me chamam de índio, eu fico irritado. Não gosto, não. E não gosto porque não me identifico com aquilo que falam a meu respeito. Essa palavra define o que eu não sou. Ou reafirma uma visão romântica, ou uma visão ideológica. E nem uma nem outra diz o que eu sou. Pelo contrário.

E o que diz o que eu sou? A minha identidade, não é? O meu nome, como eu me apresento para as pessoas. É a maneira como eu me identifico e, nesse caso, quero lhes dizer que índio eu não sou. Mas eu sou Munduruku. Ser Munduruku é diferente de ser índio. Ser Munduruku é diferente de ser Wapichana, Kaiapó, Xavante, brasileiro. É diferente. Ser Munduruku é ter uma ancestralidade, uma leitura do mundo, um jeito de ser humano diferente dos outros povos. E é a partir desse lugar, do ser Munduruku, que eu falo para vocês. Eu não falo como representante. Aliás, as pessoas gostam muito disso não é? Quando vão fazer um seminário, querem dar voz ao "índio". Chega o índio, de preferência fantasiado, com o cocar, as pinturas, e essa figura representa os índios do Brasil. Quando ouço isso, acho muito estranho. E quando me convidam, eu me recuso a participar. Justamente porque não vejo nenhuma dignidade em falar em nome de outra pessoa quando aquela voz não me foi dada de fato. Quando aquela voz é só a representação de uma imagem. Às vezes não querem ouvir a fala de um indígena, querem uma figura que continue reproduzindo a visão mágica e romântica que as pessoas têm ou querem manter. Então, diante disso, eu sempre fico muito inquieto. Inclusive por imaginar até quando o Brasil vai continuar tratando tão mal a sua diversidade ancestral, e quando eu falo em diversidade, falo de uma coisa grande. Para vocês terem uma ideia em termos de número, são 307 povos presentes em todos os estados brasileiros. E eu falei de povo, não de tribo. Não falei de pedaço de povo, que é uma tribo. E sim de um povo inteiro, independentemente se esse povo tem dez ou 15 mil pessoas. Dentro do nosso território nacional existem 307 povos e, conforme os dados da pesquisa de 2010 do IBGE, são faladas cerca de 276 línguas indígenas. No entanto, todos nós aprendemos que a casa na língua do índio é... como se chama a casa do índio?

Oca.

Ah, vocês sabem disso. A casa do índio é oca. Como chama o deus do índio? Tupã? Ah, viva! Como chama o chefe?

Cacique. Murubixaba.

Murubixaba! Você viu isso num livro antigo. Até eu me surpreendi com essa! Como é o chefe religioso?

Pajé.

E a criança?

Curumim!

Curumim, muito bem! [risadas no público] A resposta é exatamente essa, mas o erro está na pergunta. Quando pergunto como se chama a casa na língua do índio, levo vocês a uma resposta óbvia. Mas a minha pergunta não está correta. Pois, uma vez que existem 276 línguas, são 276 maneiras diferentes de chamar casa. E casa, para o indígena, não é só o lugar simbólico. A casa é também o lugar da realização das pessoas, da organização social, onde não apenas se vive, mas também se enterram os mortos, em muitos casos. Portanto, a compreensão de casa, moradia, que se tem na cidade, é muito diferente dentro dessa diversidade linguística. E tudo isso é desconsiderado na escola quando a gente comemora o dia do índio. As escolas capricham na decoração, no enfeite, nos indiozinhos, na exposição, no ensaio da música da Xuxa, "Índio fazer barulho". E depois os pais das crianças, pintadas com duas faixas vermelhas no rosto, com um cocar feito de cartolina, uma saia de garrafa pet, porque é ecológico, saem felizes da escola porque finalmente relembraram a presença do índio. Está na hora de rompermos com isso. Precisamos começar a chamar esses povos pelo nome, dizer quem eles são de fato, onde estão, como vivem, e por que, na nossa contemporaneidade, existe um massacre dessas populações. O Brasil tem que começar a olhar para o seu passado, mas não com vergonha. Olhar com respeito. Eu costumo dizer que o Brasil é um país adolescente. E o adolescente vive uma crise de identidade, não é? O adolescente não sabe quem ele é. Às vezes é criança, às vezes, adulto. O Brasil é um país adolescente que está se descobrindo. Perto de tantos outros países da Europa, não temos milhares de anos de história. O Brasil é só um adolescente buscando a própria identidade.

Mas por que o Brasil não consegue de fato chegar a essa identidade? Porque ele não quer mais ser criança. E ser criança significa olhar para o passado. E quando o Brasil olha para o passado, ele não gosta muito do que vê, ele tem vergonha do que ele vê. Ele não tem vergonha da história, mas do fato de que os primeiros povos ainda estão presentes no cotidiano. Seria muito mais fácil olharmos para as populações indígenas e falar, "foi legal, eles viveram aqui, nos ajudaram, mas agora já era". E as populações indígenas não dizem "agora já era". Eles afirmam "estamos aqui e estamos aqui para ficar", " vocês vão ter que me aturar", como diria Zagallo. "Vão ter que me engolir". E o Brasil ainda tem essa atitude, eu digo Brasil de uma maneira muito genérica, obviamente. Mas eu vejo o Brasil um pouco perdido nesse resgate de identidade. E é importante fazer esse resgate e colocar a história a limpo, não é? A história como deve ser contada, por todas as vozes. E que essas vozes possam definitivamente ser ouvidas, com o direito garantido de fala, de poder contar sua história, para que de fato o Brasil consiga passar da adolescência para uma vida madura, uma vida adulta, onde todo mundo tem espaço. Então, eu sou Munduruku. Pertenço a esse povo. Aliás, talvez a maioria de vocês nunca tenha ouvido falar de Munduruku, não é? A grande maioria nunca ouviu falar essa palavra. Mas certamente vocês já ouviram falar de índio, certo?

Sim.

Por quê? Ao aprendermos essa palavra, nós não aprendemos a chamar os povos pelo nome. Então, ser Munduruku, nesse processo educativo, foi uma coisa diluída. E o povo Munduruku existe, viu? É um povo grande, com cerca de 15 mil pessoas. Nós estamos presentes em três estados brasileiros: no Pará, de onde eu sou oriundo, com muito orgulho; no Amazonas, que foi onde o povo teve o primeiro contato com a sociedade brasileira e, mais recentemente, um grupo pequeno migrou para o Mato Grosso. Além disso, tem Munduruku aqui em São Paulo, no caso, eu. [risos]

O povo Munduruku tem contato com a sociedade brasileira há trezentos anos. Além disso, temos uma característica só nossa: somos o único povo no Brasil que tem o hábito guerreiro de cortar a cabeça dos inimigos para fazer de troféu, por isso não mexam comigo... [risos] Essa é uma característica do povo Munduruku desde sempre, mas a partir de 1910, quando ele se estabeleceu no norte do Brasil, a caça às cabeças vai deixando de ser importante. Mas é um povo que sobreviveu a grande parte da história do Brasil e que hoje briga contra a construção de uma hidrelétrica no seu lindo rio Tapajós, um dos rios que corre nas áreas dos Munduruku e de seus vizinhos. É um povo, portanto, que teve de se adaptar ao novo tempo. Se antigamente tinha o hábito de andar sem roupa, hoje em dia anda com roupa por uma questão de necessidade, porque descobrimos, de uma maneira muito infeliz, que aqueles que chegavam não conseguiam respeitar o corpo dos outros. De modo que não colocamos roupa porque nos civilizamos, colocamos roupa para evitar que os tais civilizados se tornassem muito selvagens com a gente. E depois ainda foi preciso aprender a comer miojo. [risos]

Portanto, o povo Munduruku teve que aprender a falar português e precisou entrar no processo civilizatório, mas isso não deixa de ser uma forma de resistir. Não penso que entrar no processo, fazer parte da cidade, seja uma forma de se entregar. Pelo contrário, é uma resistência. Porque na medida em que aceitamos o que o outro nos oferece, garantimos condições de vida. Os povos do Nordeste brasileiro também fizeram esse processo. Massacraram os que estavam lá, começou a colonização, se obrigaram a fazer parte de um processo civilizatório, se esconderam dentro da constituição social da época, para manter suas culturas vivas. Nesse contexto, o que faz a ideologia? A ideologia se dá o direito de dizer o que somos. Então, normalmente, embora eu tenha essa aparência, a maioria das pessoas vem falando, "o Daniel já escreveu cinquenta livros, foi pra universidade, é doutor em educação, dirige um carro em vez de uma canoa, tem um iPhone… Ah, o Daniel não é mais um índio legítimo. Ele é um dos nossos agora". Muita gente pensa isso justamente porque é o que a ideologia nos faz pensar. Porque a ideologia se dá o direito de dizer que nós só somos o que somos se a gente estiver no meio da floresta, vivendo na redoma que o processo civilizatório criou para nós. Se sairmos dessa redoma, se morarmos em São Paulo, usarmos um carro ou acessarmos a internet, eles dizem que nos entregamos ao sistema, que agora as coisas estão fáceis. O pior é que isso está muito presente. Eu viajo bastante pelo Brasil e escuto isso em todos os lugares por onde passo, de todos os públicos. Das crianças até os intelectuais da universidade. O pensamento é mais ou menos o mesmo. Isso só ameniza um pouco quando eu ponho o meu cocar. Aí dizem: "Agora sim!". Porque só ter cara de índio não basta. E isso é muito sofrido para nós, porque o tempo todo temos de justificar para as pessoas quem somos. Precisamos convencer as pessoas de que só porque uso uma calça jeans ou um tênis importado não deixei de ser quem eu sou. Não, não é assim. É uma luta de convencimento constante, justamente porque, dentro da cabeça das pessoas, continua pulando o conceito prévio a respeito do que somos nós. Não à toa vivemos todo esse processo de massacre das populações indígenas do Noroeste.

Bom, isso foi só o princípio da conversa. Mas eu fiz esse primeiro chamado para dizer a vocês que, quando mencionamos educação indígena, temos que pensar nesse conjunto de coisas. Apesar de não ser possível falar de uma educação indígena, efetivamente, podemos apontar alguns princípios que regem a educação dos vários grupos indígenas no Brasil. Não posso tratar de educação indígena sem clarificar para vocês que falo a partir do lugar de pesquisador e, também, de observador, de quem vai às áreas, olha, convive com a parentada e tira elementos dessa vivência para compor, digamos assim, uma teoria, uma doutrina a respeito da educação indígena. Grosso modo, quando pensam no indígena, as pessoas pensam nesse conjunto de elementos que eu disse a vocês, pensam no exótico, e, muitas vezes, não imaginam o que esse exótico produz em termos educativos, econômicos e sociais, de que forma esses grupos nos ajudam a refletir sobre a nossa própria humanidade. Afinal de contas, quando falo em 307 povos, são 307 formas de ser humano. Portanto, ser humano não é uma experiência única, são experiências diversas. E essas experiências precisam ser apreendidas também para sermos capazes de compor o que há de humano em cada um de nós. Tanto que, ser brasileiro não é só uma ficção. Nós também somos frutos de outras experiências de humanidade. Nascer brasileiro significa ter presenças indígenas, africanas e europeias dentro da gente, presenças de humanidade desses outros lugares. E é com esse olhar de humanidade que a gente precisa pensar os elementos da educação indígena. Pois bem, vou falar um pouco da minha experiência como parte da educação. [Deixa eu olhar aqui no meu iPhone, para não deixar a hora me pegar muito]. Queria falar justamente de alguns princípios da educação indígena que norteiam um pouco todo esse ser indígena. O que nos forma como humanos, como indígenas, certo?

Primeiro, então, eu vou falar a partir da minha experiência como Munduruku, certo? Vocês sabem que as populações indígenas normalmente dividem o tempo em rituais, sobretudo de maioridade. Esses rituais de passagem são uma quebra no tempo. Para o povo Munduruku só existem dois tempos: o tempo do passado, que é o tempo da memória, e o tempo do presente, que é o tempo do agora. Na língua Munduruku, não existe a palavra futuro, simplesmente porque o futuro não existe. A língua Munduruku é concreta, ela opera a partir de coisas muito palpáveis, e o futuro, como vocês sabem, não é nada palpável. Ele é uma especulação. Não à toa, ele foi gerado, é uma palavra que foi inventada pela economia. Existe alguém mais especulador que economista? Esse termo foi concebido numa tentativa de congelar um tempo que nós não temos. Por isso criaram os bancos e a poupança. A poupança é a garantia de felicidade. A aposentadoria é nossa segurança de que seremos felizes um dia, e o tempo inteiro jogamos a nossa expectativa de felicidade para um tempo que não temos. Dessa forma, vivemos buscando, não vemos a hora de nos aposentar para finalmente sermos felizes, não é mesmo? O povo Munduruku não tem a palavra futuro. Nós só temos o passado e o presente. E educamos as crianças dentro dessa perspectiva. A quebra no tempo é feita justamente pelos chamados rituais de passagem. Nós cortamos, dividimos, digamos assim, o presente de cada fase. Então, no meu povo, se é criança até mais ou menos nove anos de idade. Até essa idade todos os espaços estão liberados, obviamente, dentro do cuidado que os adultos têm com as crianças. Nesse período é possível fazer tudo porque entendemos que criança precisa ser criança. A gente nunca faz aquela famosa pergunta para uma criança: "O que você vai ser quando crescer?". Você sabe disso? Alguém perguntou para vocês isso? E não fazemos essa pergunta por um motivo muito simples: as crianças não serão nada, porque elas já são tudo o que precisam ser, ou seja, são crianças. Cabe aos adultos darem todas as possibilidades para elas serem plenamente crianças. Porque, quando passa dos nove anos, ela se torna o que chamamos de adolescente... O adolescente é um menino ou menina de nove a quinze anos de idade. Essa é uma fase importante de crescimento, porque quando chegamos aos quinze já somos adultos. A gente passa pelo ritual de maioridade e vira adulto e, como tal, temos outro status, esquecemos que um dia fomos adolescentes. Porque, até essa fase, já teremos vivido tudo o que um adolescente precisa viver. A pessoa já terá amadurecido, já saberá construir sua casa, caçar, pescar, subir na árvore, nadar no rio e cuidar de uma roça. Porque é isso que alguém precisa saber para virar um adulto. E, nesse processo, ela vai aprendendo a lidar com os aprendizados, que passam inclusive pelo corpo. E nesse aspecto o papel dos pais é muito importante. Os pais educam o corpo da gente. São eles que nos ajudam a compreender todo esse processo. Porque em pouco tempo a gente se casa, e casamos obviamente com a finalidade de sermos avós. A gente não casa para ser pai e mãe. Casamos para sermos avós. Mas no meio precisamos pagar um pedágio, justamente ser pai e mãe e ajudar na educação do corpo dos nossos filhos. Se vamos nessa batida, chegamos aos 32, 33 anos já como avós. Se há uma coisa que o Munduruku quer ser na vida, é ser avô. E por quê? Porque o avô é quem educa o espírito da criança. Os pais educam o corpo – o pai ensina a caçar, pescar, a mãe ensina a cuidar da roça e da casa –, mas quem educa o espírito das crianças e dos jovens são os avós. Mas é claro que aos 33 anos ninguém é um avô, no sentido mais amplo do termo. Ainda precisa passar por mais uma graduação ou uma pós-graduação e, se tudo der certo, aos 45, 50 anos já será bisavô e terá subido mais um degrau. E com sorte aos 65 será tataravô. Opa! Esse é o nosso velho, o tipo de velho que queremos ser. Alguém que terá visto três gerações. E se a vida der um plus, um dia ele ganha o privilégio de ter 80 anos e ver quatro gerações. Esse é o cara que queremos ser, alguém que passa a ter um papel fundamental. E o mais importante: o povo Munduruku não tem vergonha de ser velho. A gente sabe que precisa passar por todas as fases anteriores, como em um bom jogo de videogame, para chegarmos nessa fase final, para sermos um avô e olharmos para trás com a certeza de que tudo valeu a pena. Então, nossos velhos não têm vergonha de serem velhos. Às vezes eu fico um pouco chocado aqui na cidade, primeiro porque tem muito adolescente de 45 anos. Nunca mais larga a casa. E lá nossa adolescência é até os 15 anos. Tchau e benção, não é? E depois, outra coisa, muitos velhos aqui querem ser cocotinha, não querem assumir seu papel importante de avô e avó. Gente, isso é muito sério, porque no nosso povo, quem dá o referencial para o jovem são os velhos, os avós. E se esse avô falta, o adolescente e a criança ficam meio à deriva. Imagine que isso acontece em uma comunidade indígena onde todo mundo cuida de todo mundo. Eu fico imaginando como é isso na cidade grande, em que as pessoas cuidam só de si e às vezes ainda cuidam mal. Os jovens ficam realmente perdidos, ficam à deriva. Em uma sociedade indígena não existe criança sem lar, abandonada. As crianças pertencem a um contexto social, amplo, em que elas são educadas por todos. Inclusive, a escola entrou nas comunidades indígenas para desagregar, para criar outro modelo de sociedade. Porque a escola tradicional indígena não tem professor. Lá tem os papéis sociais do pai, da mãe, da comunidade que educa. A comunidade inteira é educativa. Todos os espaços são educativos. Não tem essa coisa de construir um prédio especial para a criança ir e ficar prisioneira durante várias horas do dia sem poder ser criança. Sem poder exercer sua liberdade criativa, pois é nessa hora que a criança cria e aprende coisas junto com a comunidade como um todo. Nós não temos proibições para as crianças, elas podem ver os pais conversando sobre qualquer assunto. Não tem coisa de adulto e coisa de criança. As pessoas se integram naturalmente dentro uma vida social que aprendem a olhar e dizer "poxa, isso é assim, aquilo é daquele jeito, eu tenho que compartilhar algo nessa situação, ou proceder daquele outro jeito em outra situação". Então, essas fases são fundamentais para que cada segmento sirva como base para o que vem antes e depois dele. Ser criança é ser criança. Ser adolescente é ser adolescente. Ser adulto é ser adulto. E ser velho é ser velho. Ponto final.

Dentro desse processo educativo, cabe ao avô formar o nosso espírito. E como ele faz isso? Ele conta histórias para nos ajudar a perceber nosso pertencimento ao local em que estamos. As histórias indígenas não são fantásticas, são histórias muito concretas. Mas quando elas saem de seu contexto de origem e são trazidas para a cidade, muitas vezes as pessoas não conseguem interpretar ou não conseguem se colocar no lugar do outro.

E é aí que a gente se educa. Conseguimos perceber o nosso lugar no mundo. As histórias indígenas, sobretudo, mas as histórias em geral, têm um componente que a gente esquece:

normalmente elas são cíclicas ou circulares. O pensamento indígena é um pensamento circular. O que significa isso? Significa que a gente pensa em forma de espiral. Espiral é aquela mola que dá uma volta e se encontra novamente no mesmo ponto. A espiral como pensamento é essa volta ao passado necessária – é importante que a gente faça esse caminho de buscar no passado os sentidos da nossa existência para podermos dar valor ao momento em que a gente vive. O povo indígena não nega a sua memória, não nega a sua história. O tempo inteiro ele busca no passado os sentidos para atualizar sua existência no presente. Então, quando pensamos nas populações indígenas vivendo nos dias de hoje, temos que considerar que elas estão fazendo uma atualização da própria história. Vocês sabem que a cultura é algo dinâmico. Não existe cultura parada no tempo. Aliás, existe sim, é a cultura morta. Cultura parada no tempo é a cultura de museu, já que estamos em um... É uma história que foi congelada por algum motivo e está naquele lugar, porém não existe mais. Porque a cultura, por si só, é muito dinâmica. Ela precisa se atualizar para ser, para continuar existindo. Quando pensamos a cultura índigena como uma cultura escrava do passado, congelamos essa cultura. Quando atrelamos o tal do índio a uma imagem do passado, não consideramos que a cultura se movimenta. E essa cultura precisa se movimentar para continuar a existir. Então, quando as populações indígenas dominam os mecanismos, os instrumentos que hoje a sociedade ocidental desenvolveu, eles não fazem outra coisa a não ser atualizar a sua memória. Quando usamos a literatura como instrumento, o vídeo, o violão, que não é um instrumento tradicional indígena, mas que usamos com competência para sofisticar a nossa própria experiência de humanidade, estamos sendo muito mais inteligentes do que as pessoas pensam. Porque é muito interessante pensar que os indígenas se aproveitam mais do conhecimento ocidental do que o Ocidente se aproveita do conhecimento indígena. Ora, quem será mais inteligente nessa história? O indígena faz muito mais esforço para entender o Brasil, do que o Brasil para entender os indígenas. E nisso quem perde é o próprio Brasil, porque cada vez mais os indígenas se articulam para dominar esses instrumentos a fim de manter sua tradição. Falar em tradição faz parecer que perseguimos coisas do passado. Tradição é metodologia. Usamos a tradição como forma de manter nosso padrão educativo. Nós nos atualizamos, mas sem largar a tradição. Então, no fundo, quando falo para vocês, com um instrumento que não é meu, uma língua que não é minha, num lugar que não é meu, meu intuito é trazer a mensagem de um povo ancestral, um povo tradicional. Com isso eu atualizo a memória, não é? Quer dizer, é uma forma de se comunicar com a sociedade brasileira. Aliás, por falar em comunicação, quero lembrar que eu tenho um blog: danielmunduruku.blogspot.com.br. O nome desse blog é Mundurukando. Mundurukando é uma palavra que eu inventei, é uma brincadeira com a palavra filosofando, naturalmente. Quando um ocidental pensa, a gente diz que ele está a filosofar. E o Munduruku, quando pensa, o que está fazendo? Mundurukando. O blog é um pouco uma brincadeira com essa palavra. Nele eu coloco textos e uma porção de dicas. Nós também criamos um canal no YouTube chamado UkaTV. Uka é casa em Munduruku. Estamos fazendo experiências nesse canal, postando alguns vídeos, algumas dicas de leitura. Uka é o nome do instituto que eu criei, instituto Uka, do qual o Cristino Wapichana também faz parte. O objetivo desse instituto é difundir a literatura indígena e sugerir materiais de apoio sobre a cultura indígena para professores e tal. Então, vão lá, se inscrevam, ajudem a gente, vai? Vão lá, ajudem a gente a ficar rico. [risos]

Estamos buscando essa comunicação com a sociedade brasileira por meio desses instrumentos, e não vemos nenhum mal nisso. As pessoas usam nossos colares e a gente usa o YouTube. É uma troca justa. Antigamente eles nos davam espelhos, hoje em dia nem iPhone a gente não aceita. Essa relação está melhorando, ficando mais justa. Bom, vamos abrir para questões? O que nos mantém como um país do futuro? São os povos indígenas que garantem o verde da nossa terra, da nossa bandeira. São as populações indígenas que se sacrificam para que o Brasil não perca essa configuração tão bonita que tem. Isso é fato. Nos estudos ambientais que são feitos, onde tem a presença indígena, está verde; onde não tem, tem gado. Eu ia dizer que está cagado, mas não... Tem gado, tem cana de açúcar, tem soja, e é esse pessoal que destrói o nosso patrimônio natural, que joga o Brasil contra os indígenas, não é? E o cidadão acaba vendo tudo isso acontecer, ficamos dando milho aos pombos e aceitando isso de uma maneira muito pacífica. A gente não faz panelaço ou protesto contra isso. Porque na nossa cabeça – e realmente acho isso – na nossa cabeça temos a impressão de que essas pessoas estão fazendo bem para o Brasil. Porque nós podemos consumir o Friboi, podemos consumir combustível ou ter acesso aos bens industrializados. E esquecemos que não são os bens que a gente consome que nos tornam humanos. É o presente que a gente vive. E esse presente está muito poluído. Os nossos rios estão mortos. Vide o Tietê ou o que fizeram em Minas Gerais com o rio Doce. Vide o que vão fazer com a Amazônia, construindo hidrelétricas. Vide tanta sujeira no sistema político, que de fato deu as costas para o povo. E o nosso povo continua a aplaudir um pouco tudo isso. Então eu vejo assim: é claro que os povos indígenas vão passar por muitas mudanças nos próximos anos porque, apesar de tudo o que podemos fazer, não vamos conseguir parar nada disso. O máximo que a gente vai conseguir é dizer: nós estamos aqui, vivos, e queremos continuar vivos. Vamos tentar impor um jeito de permanecer vivos, apesar do nosso território ser cada vez menor. Nós enfrentamos uma dificuldade muito grande.

Claro que o poder político brasileiro não levou em consideração todo o esforço que os indígenas fizeram, desde a democratização. Por incrível que pareça, quem mais demarcou terra no Brasil foi o Fernando Collor de Mello. É claro que ele fez isso porque também foi instigado pela opinião pública internacional. Mas, de lá para cá, todas as políticas públicas para as populações indígenas foram um fiasco. O PT foi ruim também, apesar de contar com outros elementos laterais. Por exemplo, a política cultural para os povos indígenas foi muito boa. Mas isso nada tem a ver com a demarcação de terra, porque a demarcação de terra resolveria o problema, e isso ninguém consegue resolver. Isso é tão impossível de resolver que a gente não consegue emplacar um presidente indígena para a Funai. Vocês viram quem foi indicado? Um militar. Para comandar a Funai! Adivinha o que vai acontecer? Não é possível emplacar um indígena dentro da Funai porque esse indígena vai ter que mudar muita coisa. E ninguém quer mudar, porque está mexendo com um patrimônio riquíssimo, e não estamos falando só de um patrimônio mineral, mas de biodiversidade rica, de conhecimento ancestral em produtos farmacêuticos, alimentícios e higiênicos. E as pessoas entregaram isso nas mãos desses infelizes indígenas, que não sabem o que fazer... Essa ironia é para pensar: o que está no Congresso hoje? A discussão é apenas em torno da exploração mineral em terra indígena. É o que as pessoas querem. O que está na pauta? Demarcação de território indígena. Faz pouco tempo eu estive em uma reunião aqui em São Paulo, no Fórum dos Produtores Rurais Brasileiros. Uma das questões era a demarcação de terras indígenas, o conflito interno em terra indígena. O que eles querem? Eles querem que se pague pelas terras em que os indígenas vivem para eles poderem sair. Uma terra que foi invadida por eles. Agora, nós brasileiros vamos pagar indenização para eles saírem de uma terra que é nossa. Porque vocês sabem que terra indígena não é do indígena. A terra indígena é patrimônio da União, portanto é do brasileiro. Todos nós brasileiros. Os indígenas são apenas os usuários dessa terra, e a Constituição garante isso. Então, quando a gente pensa nessa questão maior e o que está envolvido, fica evidente que não vamos conseguir emplacar um presidente indígena na Funai. É claro que não vamos conseguir demarcar as mais de quinhentas terras indígenas que estão em processo de demarcação. Isso representa uma porcentagem ínfima dentro do Brasil. Porque alguns fazendeiros têm mais terra do que o povo inteiro. Eles podem ter terra, os indígenas não. Isso é um assunto muito, muito delicado. E é a principal pauta do próprio movimento indígena. Vou usar uma frase de efeito, que é usada nessas campanhas: índio é terra, não dá para separar. E não é porque índio é terra que ele quer terra. Significa que ele é terra. O espírito dele é a terra. Então, ele deseja ter grande território simplesmente porque quer ser dono da terra, mas porque ele se sente parte da terra. Aquele é um lugar sagrado para ele, onde seus mortos foram enterrados, onde se tem uma relação ritual com a terra, que é a mãe terra do texto que eu li para vocês, é a nossa mãe, nossa mãe acolhedora, que gera, que nos recebe. Nossa relação com a terra não é de produção, de riqueza. Mas essa é outra conversa, que podemos desenvolver melhor em outra ocasião. Mas diante das questões que vocês colocaram, eu diria: há muito o que aprender com as populações indígenas. Precisamos apenas estar, não só com os ouvidos abertos, mas com o alto da cabeça e com o coração da gente aberto; precisamos saber qual é o indígena que está dentro da gente. E se for de fato essa coisa um tanto romântica, não se preocupem, os românticos também amam, não é tão ruim assim ser romântico. Mas obviamente é legal ter uma maior compreensão. Existe um mistério por trás do ser indígena. Algo que é muito difícil de ser traduzido em palavras, é preciso viver um pouco para sentir como é essa experiência de ser indígena. Agora, o que eu guardo disso, o que eu levo disso na minha contemporaneidade, no fato de estar aqui hoje com vocês, qual é o pedaço dessa história que está dentro de mim? Tudo, pessoal, tudo. Eu simplesmente não me coloco fora do mundo. Eu estou no mundo. Sou desse mundo, não de outro. Mas também não sou aquele que vai descer do disco voador, na canção do Caetano. Eu sou um ser desse mundo. E procuro expressar isso no que falo, no que vivo, no jeito como vivo, aceitando minhas fraquezas e minhas forças, no caso, essa ideia de pertencimento. Eu me sinto um brasileiro completo e procuro viver minha brasilidade, saber que sou um cidadão Munduruku que vive nesse país chamado Brasil. Portanto, tenho meus rituais? Tenho, sim. De vez em quando eu os faço, vou pra minha comunidade para lembrar que tenho um lugar para voltar. Procuro alimentar meus sonhos, não sonhos de futuro, mas sonho mesmo, dormir e sonhar, que é como meus avós me ensinaram a me comunicar com minha ancestralidade. Tento fazer com que isso não se perca de mim. Manter a minha calma, já é uma grande dificuldade, mas isso também faz parte do que aprendi, quando conheci meu avô. Aliás, para terminar minha participação, eu tive um avô maravilhoso. Inclusive escrevi um livro em homenagem a ele, "Meu avô Apolinário – um mergulho no rio de minha memória", em que eu conto um pouco minha trajetória. Quando eu era criança, não gostava de ser chamado de índio simplesmente porque essa palavra trazia uma carga de preconceito. Mas meu avô falava duas coisas que para mim sempre foram muito importantes. Uma delas alimenta minha passagem nesse mundo e é referente ao tempo. Meu avô dizia assim: se o momento atual não fosse bom, não se chamaria presente. E para o povo Munduruku, o presente é isso. Esse é meu presente, vocês são meu presente, e eu espero ser o presente de vocês. Por isso eu digo que o hoje é uma roupa que foi feita sob medida para vivermos o agora. Amanhã a gente troca, quando o amanhã virar hoje. E esse avô nos lembrava disso, que esse é o nosso presente, e temos de vivê-lo como tal. E a outra coisa que ele dizia é com relação à felicidade. Meu avô sempre lembrava que precisavámos saber duas coisas para sermos felizes. A primeira: nunca devemos nos preocupar com coisas pequenas. E a segunda: todas as coisas são pequenas. É mole? O velhinho é danado. Todas as coisas são pequenas. Esse é um ensinamento que martela na minha cabeça. Sempre que eu encontro os conflitos que a vida me traz, preciso lembrar que somos parte, não somos donos de nada. Somos parte desse universo, e é assim que eu quero ser lembrado, como parte, poeira desse universo. Muito obrigado.